Erfolgreiche Kommunikation auf dem Büroflur

Stefan Häseli

D1666012

Erfolgreiche Kommunikation auf dem Büroflur

Wie Sie alltägliche Gesprächssituationen im Job meistern

Stefan Häseli

1. Auflage

Haufe Gruppe
Freiburg · München

Bibliografische Information der Deutschen Nationalbibliothek
Die Deutsche Nationalbibliothek verzeichnet diese Publikation in der Deutschen
Nationalbibliografie; detaillierte bibliografische Daten sind im Internet über
http://dnb.dnb.de abrufbar.

Print ISBN: 978-3-648-06836-6   Bestell-Nr. 10119-0001
EPUB ISBN: 978-3-648-06837-3   Bestell-Nr. 10119-0100
EPDF ISBN: 978-3-648-06838-0   Bestell-Nr. 10119-0150

Stefan Häseli
Erfolgreiche Kommunikation auf dem Büroflur
1. Auflage 2015

© 2015 Haufe-Lexware GmbH & Co. KG, Freiburg
www.haufe.de
info@haufe.de
Produktmanagement: Bettina Noé

Lektorat: Gabriele Vogt
Satz: kühn & weyh Software GmbH, Satz und Medien, 79110 Freiburg
Umschlag: RED GmbH, 82152 Krailing
Druck: BELTZ Bad Langensalza GmbH, 99947 Bad Langensalza

Alle Angaben/Daten nach bestem Wissen, jedoch ohne Gewähr für Vollständigkeit und
Richtigkeit. Alle Rechte, auch die des auszugsweisen Nachdrucks, der fotomechanischen
Wiedergabe (einschließlich Mikrokopie) sowie der Auswertung durch Datenbanken oder
ähnliche Einrichtungen, vorbehalten.

Inhaltsverzeichnis

Inhaltsverzeichnis

Vorwort

Wenn der Alltag dir arm erscheint, klage ihn nicht an – klage dich an, dass du nicht stark genug bist, seine Reichtümer zu rufen, denn für den Schaffenden gibt es keine Armut.

Rainer Maria Rilke

Tipps für das **große** Glück gibt's zuhauf, Leitfäden, um **große** Schwierigkeiten zu meistern, auch. Der Fokus im Hinblick auf die Kommunikation wird dabei meist auf den Bereich der „anspruchsvollen Gesprächssituationen" gelegt. Das ist sicherlich wichtig, denn dort findet die Krise statt; vergessen wird dabei aber zu oft, dass das Leben zu neunzig Prozent aus „Normalität" besteht.

Wir kommunizieren täglich „einfach mal so", wir führen jeden Tag unsere Mitarbeiter, überzeugen Kunden, gehen mit (Ehe-)Partnern um. Unspektakulär — aber dauerhaft und dementsprechend intensiv. Eben ein Alltag.

Der Alltag

Der Alltag hat einen schlechten Ruf! Zahlreiche Zitate zieren diesen oft vernachlässigten Bereich:

- *Das Tagtägliche erschöpft mich!* (*Ludwig van Beethoven*)
- *Im Alltag passiert überall nichts, aber das mit Höchstgeschwindigkeit ... (Elmar Kupke)*
- *Schon wieder ein Montag – zum Glück der einzige in dieser Woche! (unbekannt)*
- *Alltag ist lediglich ein Durchschnitt von Geschehnissen. (Daniel Goral)*
- *Der Alltag macht schon mürbe, bevor man Teig ist. (Stefan Schütz)*

Und schlussendlich wird ihm die Farbe Grau zugewiesen: der graue Alltag ... Das stimmt natürlich nur, wenn ich ihn mehr oder weniger gedankenlos hinnehme und ständig den Fokus auf die „großen Würfe" lege, sei es das Suchen von Glückshormonen oder das Managen von echten Schwierigkeiten.

In diesem Buch geht es um das vermeintlich Banale: die Kommunikation im beruflichen Alltag. Denn da — in der Alltäglichkeit — findet der nachhaltigste Erfolg statt. Erfolg im Umgang mit Kunden heißt, nicht nur dann gut zu kommunizieren, wenn etwas schiefgelaufen ist; einen Führungsstil zu leben, der Mitarbeiter fördert, findet nicht nur beim Lohn- oder Disziplinargespräch statt. Stressabbau im Alltag heisst nicht, dass ich zweimal im Jahr ins Wellness-Weekend gehe.

Der Erfolg kommt schleichend im Alltag. Wenn wir es schaffen, zentrale, oft ganz kleine Erfolgselemente, sei es in der Kommunikation oder im Selbstmanagement, in unseren Alltag zu integrieren, wird er strukturell, rituell oder eben ganz normal und selbstverständlich. Erfolgreiche Kommunikation als Selbstverständlichkeit — eine Ode an die neunzig Prozent Normalleben. Für den Rest gibt es Coachings, Therapien und bereits zuhauf tolle Bücher.

Dieses Buch bedient den praxisorientierten Leser mit konkreten Tipps: Hinweise zu einer guten Beziehungspflege, weil diese wichtiger Bestandteil einer guten Alltags-Kommunikation ist, sind ebenso dabei wie sechs Speed-Dating-Regeln — übertragen auf die Kommunikation — sowie Trainingseinheiten für mehr Präsenz, Kreativität und den richtigen Umgang mit Humor. Für den Analytiker geben die aufgeführten Ergebnisse einzelner Feldstudien und Forschungen Einblicke in die Mechanismen der Alltags- und Umgangssprache. Auch wer einfach nur ein paar humorvolle Geschichten lesen und sich auf diesem Weg kommunikativ inspirieren lassen möchte, kommt zu seinem Recht. Alltag soll Spaß machen, das beginnt beim Lesen dieses Buches!

Wo andere beginnen, höre ich in diesem Buch auf! Bevor sämtliche kommunikativen Spezialsituationen im Leben, die es statistisch auf wenig Häufigkeit bringen, beschrieben werden, arbeite ich mit Ihnen lieber am und mit unserem Alltag.

Ihr
Stefan Häseli

PS:
Darf ich vorstellen: **Das ist Hannes!**

● Hannes

Hannes ist CEO eines internationalen Industriekonzerns und hat es mit der Alltagskommunikation nicht immer leicht. Immer wieder einmal im Buch werden Sie Hannes begegnen, er wird Sie durch dieses Buch begleiten. „Hannes kommuniziert im Alltag" sind kurze Geschichten mit feinsinniger Satire aus und über die Kommunikation in und aus der Management-Etage. Sie entdecken, wie kleine Dinge in der Alltagskommunikation oft entscheidend sind. Am Schluss jeder Geschichte sind die Lernfelder der entsprechenden Story nochmals zusammengefasst.

Einleitung

Die Alltagskommunikation prägt den beruflichen Alltag. Klar ist es wichtig, sich als Verkäufer gut auf Gespräche mit einem Kunden vorzubereiten, seine möglichen Einwände zu studieren. Es ist aber auch Teil einer Professionalität, sich als Führungskraft bewusst zu werden, d.h. zu wissen, wie anspruchsvolle Mitarbeitergespräche geführt werden, was alles in ein Beurteilungsgespräch gehört oder wie ein neuer Mitarbeiter eingeführt wird.

Die Frage, der hier im Buch nachgegangen wird, ist: Wo wird denn wirklich berufliche Kommunikation zu einem großen Teil „geführt"? Zu über 80 Prozent findet dies im banalen Alltag statt: auf dem Flur, so rasch nebenbei im Büro, auf dem Weg zu einem Meeting, an der Kaffeemaschine usw. Hier wird die Beziehung aufgebaut, Vertrauen gewonnen. Und genau darum geht's: die Kommunikation im Berufs-Alltag!

Der „Flurfunk" lebt

In vielen Unternehmen ist der sogenannte „Flurfunk" ein bedeutender Faktor der Informationslogistik. Quasi im Vorbeigehen werden Informationen ausgetauscht, weitergegeben oder eingeholt. Diese Mitteilungen mit größtenteils eher inoffiziellem Charakter ergänzen offizielle Fakten oder bringen Zusatzwissen, das Vorgänge in einem anderen Licht erscheinen lässt. Dem informellen Informationsfluss kommt diese herausragende Stellung zu, weil dafür eben keine Besprechungen einberufen, keine Termine und Verabredungen getroffen werden müssen. Die Gesprächspartner treffen sich ungeplant und zufällig. Andere Anwesende und mithörende „Passanten" nehmen Informationen auf und tragen diese weiter oder klinken sich aktiv in Dialoge ein. Wie Radiowellen dringen Flurinformationen auch durch offen stehende Türen an Arbeitsplätze und zu den dort befindlichen „Empfängern".

Die informelle Kommunikation auf dem Büroflur gehört zum Berufsalltag. Sie beschränkt sich keineswegs auf Belangloses. „Nichts beflügelt die Wissenschaft so, wie der Schwatz mit Kollegen auf dem Flur", konstatierte Physik-Nobelpreisträger Arno Penzias. Ob sie zu seiner Entdeckung der Hintergrundstrahlung, genauer gesagt, der kosmischen Mikrowellenhintergrundstrahlung, beigetragen hat, lässt sich zwar nicht belegen, fest steht aber, dass die Flurkommunikation eine Art kommunikative Hintergrundstrahlung selbst ist.

Viele Bürotätige verbringen zunehmend Zeit außerhalb ihres Arbeitsplatzes in inoffiziellen Besprechungsbereichen. Der Büroflur ist in diesem Zusammenhang nicht nur eine Verkehrszone. Er ist vielmehr der Bereich, wo Menschen sich entspannen, Ideen austauschen, in Teams arbeiten oder sich gar mit Kunden treffen. Kurz: eine Zone der Alltagskommunikation. Und manchmal gibt es sogar einen „Showdown auf dem Büroflur", wie in der Kolumne von Johanna Bruckner[1]:

„Showdown auf dem Büroflur" von Johanna Bruckner

High Noon auf dem Büroflur. Am anderen Ende setzt sich der Kollege in Bewegung, in der einen Hand sein omnipräsentes Smartphone, den Blick auf den Bildschirm gesenkt. Die andere Hand malträtiert einen Kugelschreiber. Klick, klick, klick – klingt wie eine durchdrehende Revolvertrommel. Der ihm entgegen laufende Kollege drückt die Schultern durch: Diesmal wird er nicht zuerst grüßen! Er will nicht wieder mit einem grußlosen Nicken abgespeist werden, das mehr sagt als Worte: Mit Leuten wie dir und Nichtigkeiten wie normalen Umgangsformen kann ich mich auf meinem Weg nach oben nicht aufhalten.

Klar, der Klügere lässt sich im Zweifelsfall gar nicht auf solche kindischen Machtspielchen ein. Aber mal ehrlich: Mit Klugheit kam man doch schon im Kindergarten nicht weiter. „Jeder darf mal Bestimmer sein", war die Ansage der Kindergärtnerin. Aber am Ende bestimmte dann meistens der große Dennis, indem er kleinere Konkurrenten einfach umschubste. Wie einfach und ehrlich das Ausfechten von Machtansprüchen damals war!

Im Job übt man sich bevorzugt in psychologischer Kriegsführung; da werden beständig feine Spitzen gesetzt, die das Selbstbewusstsein der Kollegen langsam aber sicher ankratzen. Beliebt, wie perfide: das tödliche Kompliment. „Hab' gehört, du sollst deinen Vortrag über energiesparendes Arbeiten auch dem Vorstand präsentieren? Ist ja toll! Mal unter uns, die scheinen ja gerade auch Sommerloch zu haben ..." Ein weiterer Klassiker der giftigen Job-

---

[1] SZ-Artikelauszug Job-Kolumne „#endlichfreitag" auf www.sueddeutsche.de 12. September 2014 (http://www.sueddeutsche.de/karriere/endlichfreitag-zu-machtspielen-im-job-showdown-auf-dem-bueroflur-1.2125977).

Galanterie – die Arbeitsmoral des Gegenübers in Zweifel ziehen: „Also ich könnte ja keine ganze Stunde Mittagspause machen. Aber gut für dich!"

Anarchie im Büro

Paradoxerweise werden Machtspielchen auch – vielleicht sogar: besonders – in Unternehmen mit flachen Hierarchien ausgetragen. Woran das liegen mag? Vielleicht daran, dass gerade in der Kreativbranche Beschäftigungsverhältnisse oft unsicher sind und ums schiere berufliche Überleben gekämpft wird. Vielleicht auch daran, dass hier vor allem jüngere Menschen zu finden sind, die ihre berufliche Position noch ausfechten müssen. Oder es ist eben doch etwas Wahres dran, an den machtpessimistischen Überzeugungen des englischen Staatstheoretikers Thomas Hobbes: Wenn Macht- und Besitzverhältnisse nicht geklärt seien, herrsche Anarchie und Gewalt, stellte er im 17. Jahrhundert fest. Natürlich ist seine Idee eines allein und allmächtigen Leviathans aus demokratischer Sicht auch keine Lösung. Weder politisch, noch im Job. Denn wer will schon unter einem Chef mit Gottkomplex knechten? Und vielleicht ist das Ganze auch weniger eine Frage der Organisationsstruktur als vielmehr ein Geschlechterproblem. Unternehmensberater und Buchautor Peter Modler zufolge sind Machtkämpfe vor allem Männersache: „Hierarchien sind den meisten Männern sehr wichtig. Sie kommunizieren vertikal, wie man in der Soziolinguistik sagt. Das kann man schon bei kleinen Jungs beobachten: Wenn man die zusammen spielen lässt, ohne einzugreifen, werden sie sehr schnell untereinander ausmachen, wer wo in der Rangordnung steht."
Womit wir wieder bei Dennis wären. Aber sind wirklich erwachsen gewordene Kindergartentyrannen das Problem? Wohl kaum.

Beste Grüße, du Idiot

Auch Frauen spielen Machtspielchen, ja sie geben sogar die giftigsten Komplimente. Und sie sind Meisterinnen der verdeckten E-Mail-Attacke: Haben Sie schon mal von einer Kollegin eine Mail bekommen, die mit „Beste Grüße" endete? Ja? Dann sollten Sie sich in Acht nehmen – bei diesem vermeintlich harmlosen Gruß knallt eine Peitsche.
Männer demonstrieren Macht eher über territoriale Ansprüche und Statussymbole. Im Meeting wird einem der machtbewusste Kollege schon mal über den Mund fahren (vor allem, um sich selbst Redezeit zu sichern), und wenn es etwas zu besprechen gibt, bestellt er einen stets zu sich ins Büro. Apropos: Wehe dem Machtmenschen wird im neuen Office ein Schreibtischstuhl

mit zerschlissenem Sitzpolster zugemutet – das ist für ihn so schlimm wie ein Schubs in den Sandkasten.
So gibt es am Ende auch zwei Wege, den Flur-Showdown für sich zu entscheiden. Zumindest theoretisch. Da wäre zum einen die männliche Variante: einfach umschubsen. Weil das zwar verführerisch, aber wenig karriereförderlich ist, bleibt der weibliche Weg: mit Freundlichkeit töten. Peng!

Wie schon erwähnt, bildet die Kommunikation im Büroflur keineswegs nur Belangloses oder Nebensächliches ab. Der die einzelnen Arbeitsplätze verbindende, meist lang gestreckte Raum dient als Informationszentrale und Showdown-Bühne gleichermaßen. Die Art und Weise der verbalen und nonverbalen Kommunikation gestaltet sich vielschichtig und individuell und ist ein ernst zu nehmender Teil des Jobs.

Der Flur ist überall

Nimmt man den Flur nicht nur in seiner wörtlichen oder besser gesagt örtlichen Bedeutung, kann der Flur natürlich überall sein: im Büro, wo sich Informationen arbeitsplatzübergreifend ausbreiten, also der/die Kollege/n aktiv oder passiv in die Kommunikation einbezogen sind, in der Betriebskantine oder auf dem Parkplatz ebenso wie am Telefon.

● **Hannes**

Hannes kommuniziert im Alltag ... nicht selbst (Teil 1)

Montagmorgen, 8.00 Uhr. Hannes sitzt im Büro und bereitet sich auf die Geschäftsleitungssitzung vor. Ein wöchentliches Ritual. Beginn 8.30 Uhr, Kaffee um 10.00 Uhr. Letzterer wird wegen der überfrachteten Tagesordnung jeweils spontan gestrichen. Offizieller Schluss 11.45 Uhr, faktisch nie vor 12.30 Uhr. Deshalb genehmigt Hannes sich den Kaffee prophylaktisch und lässt seinen Apfel zwischen den Zähnen knacken. Der Apfel ist neu, früher war's Kuchen. Seit dem internen Programm „fit-for-work" wählen die Geschäftsleitungsmitglieder die Zwischenverpflegungen nach dem Vorbild-Ansatz aus.

Der Nicht-Lieblingsjob erreicht ihn
Mitten in die physischen und psychischen Vorbereitungen klingelt sein Handy — die Büronummer ist bereits aufs Sekretariat umgeschaltet. Sein Chef sucht ihn: „Könntest du heute das Protokoll der Sitzung führen? Frau Blatter ist krank. Weil du am wenigsten Tagesordnungspunkte hast, möchte ich dir diese wichtige Aufgabe übertragen. Du weißt doch, im Grunde ist der Protokollführer die wichtigste Person — neben dem Chef." „Mach ich", gibt Hannes leicht mürrisch zurück. Unwillig denkt er sich: „Ich muss ja. Von wegen ,die wichtigste Person'... — eine plumpe Schmeichelei." Hannes fühlt sich eben gerade nicht als Zweitwichtigster im Unternehmen.

Die Sitzung beginnt
Pünktlich — wie immer — begrüßen sich alle freundlich und der Chef eröffnet mit dem seit Jahren immer gleichen, offiziell-witzigen Spruch „Dann platzen wir mal". Ein kurzes, inszeniertes Anwärm-Mitlachen und man setzt sich — wie immer — auf die gleichen Plätze.
Der Chef beginnt: „Ich möchte euch alle herzlich begrüßen." Hannes schreibt mit und stolpert über das Wort „möchte". Warum „möchte"? Er könnte es einfach tun. Soll Hannes bei TOP 1 „Begrüßung" nun „Absichtserklärung" schreiben? Zeit, um darüber nachzudenken, bleibt ihm keine. Zackig geht es weiter mit den Worten: „Wir haben heute eine ,sportliche' Tagesordnungsliste." (Auch dieser Spruch ist immer derselbe, genauso wie das kalkulierte Lachen aller).

Die Tagesordnung wird durchgeackert
Der Verkaufsleiter präsentiert die Verkaufszahlen der vergangenen Woche. Diese sehen seit längerer Zeit mies aus. Seine Stimme war schon mit mehr Selbstbewusstsein getränkt. „Warum habt ihr nicht mehr Gas gegeben?", fragt der Chef. Der Verkaufsleiter: „Die Marktsituation ist außerordentlich. Die Mitbewerber produzieren unterdessen fast ausschließlich in China und haben bessere Preise." Der Produktionsleiter rutscht unruhig auf seinem Stuhl hin und her: „Wir arbeiten bereits mit den Kosten am unteren Limit. Ich kann nicht akzeptieren, dass wir an den schlechten Verkaufszahlen schuld sind." Der Chef greift ein und unterbindet die Schuldzuweisungen mit den Worten: „Man müsste halt schauen, wo wir Optimierungsmöglichkeiten haben, damit wir kostenmäßig wieder etwas

konkurrenzfähiger werden." Alle nicken nonverbal und mit gemurmeltem „genau", „richtig". Der Chef hat es wieder einmal auf den Punkt gebracht. Hannes protokolliert fleißig, bis ihn der Ausdruck „Man müsste halt ..." stocken lässt. In seinem Protokoll fehlt nun, wer was bis wann macht. Vielleicht ist auch diese Äußerung nur eine Absichtserklärung.

Die zweite Halbzeit beginnt
Bereits jetzt ist man mit den Punkten der Tagesordnung in Verzug. Der Chef schlägt vor, ausnahmsweise auf die Kaffeepause zu verzichten. „Kein Problem", hallt es aus der Runde. Der HR-Leiter gibt zu bedenken, dass man vielleicht eine ganztägige Sitzung planen könnte, um den sich türmenden Aufgabenberg abzubauen. „Gute Idee", ist das Echo. Der Chef präzisiert: „Das sollten wir angehen." Hannes schreibt mit und überlegt sich „Absichtserklärung oder Ziel?"
In zügigem Stakkato takten sich die Geschäftsleitungsmitglieder durch die Geschäfte. Hannes beobachtet, wie einige offiziell am Tablet mitschreiben. Bei der Rückkehr in sein Büro wird er E-Mails von seinen Kollegen aus der GL erhalten, die sie am Vormittag geschrieben haben. Das lässt sich gut getarnt erledigen. Den Streber markieren, aber E-Mails schreiben. Noch ein paar Mal erwischt sich Hannes beim Gedanken „Absichtserklärung". Er macht sich einen Sport daraus, Wendungen wie „man sollte"

oder „man müsste" in einer persönlichen Statistik zu zählen: „Sieben Mal ,man müsste' und einmal ,man sollte'. Ach ... immerhin 7:1 ... War das ein Fußball-WM-Sommer in Brasilien ..."
Nach vier Stunden geschäftigem Sitzen kommt der Chef zum Schluss: „Ich hoffe, dass Ihnen die Nachspielzeit nicht geschadet hat." Auch immer der gleiche Spruch, aber seit dem WM-Titel der Fußballer erhält er wenigstens einen positiven Nachgeschmack. Es ist 12.30 Uhr und der Chef verabschiedet sich mit dem üblichen Abgang: „Ich möchte mich herzlich bei Ihnen bedanken." Es wäre somit die letzte Absichtserklärung des Vormittags gewesen ...

Floskeln ersetzen keinen Inhalt. Sie dienen dazu, einen Redefluss am Laufen zu halten oder eine Denkpause zu überbrücken. Auch Konjunktive haben ihre Berechtigung. Sie heißen nicht umsonst Würdeform oder beschreiben eine hypothetische Möglichkeit. Der Ausgang des Gesagten ist bei „falls ..., dann würde" offen. Aber wer Entscheidungen fällt und diese auch so kommunizieren soll oder möchte, muss sich der Sprachform bedienen, die das auch beinhaltet. Jede Verbform ist für einen Zweck da. Für Entscheidungen und Klarheit sind klare Worte fällig, für offene Punkte auch die entsprechende Feinheit in der Konjugation, dafür ist sie ja da. In der Praxis zeugen falsche Formen davon, etwas nicht ganz durchgedacht zu haben oder im Endeffekt auch gar nicht so zu wollen, wie man es gemeint hat.

! Learnings

Mit solchen Sprüchen, die im Alltag oft gesagt und gehört werden, dokumentieren Sie eines: Achtlosigkeit. Diese Sätze sind nur so dahingesagt und haben in der Botschaft keinen Kern mehr. Vor allem aber: Einfach so Dahingesagtes kommt nicht an! Es entsteht der Eindruck von mangelnder Präsenz und klarer Zielorientierung.
Hören Sie sich als kleine Beobachtungsaufgabe einmal um und notieren Sie, wo Sie den Eindruck hatten, dass im Büro, an Sitzungen, auf dem Flur nicht wirklich kommuniziert, sondern einfach geredet wurde.

1 Die Alltagssprache – Entstehung, Hintergründe und Gesetzmäßigkeiten

Im Alltag werden Beziehungen gestaltet, und das zu einem großen Teil über die Sprache. Diese Alltags- oder Umgangssprache hat viele Wurzeln. Neben der austarierten und mit Regeln beseelten Schriftsprache entsteht die Umgangs- oder Alltagssprache durch viele Faktoren: der persönlichen Präsenz, dem gerade aktuellen Milieu, der Rolle, in der die Kommunizierenden gerade sind, und dem Impuls, der diesen gegeben wird und den sie über ihre Sinne wahrnehmen. In diesem Teil finden Sie neben spannenden Aspekten zur Entstehung der Alltagssprache sowie den Hintergründen des Milieus auch eine Feldstudie über verschiedenste Alltagsszenen. Diese werden auf ihre subtilen Regeln hin untersucht und es werden die Gesetzmäßigkeiten, z.B. anhand eines Gesprächs in der Betriebskantine, abgeleitet.

1.1 Kommunikation im Alltag

Auch wenn Alltagskommunikation ein gängiger Begriff ist, ist es letztlich sehr schwer, ihn eindeutig und allgemeingültig zu definieren. Ist doch der Alltag an sich ebenso vielfältig und vielschichtig wie die Kommunikation, sodass beide in ihrer Verbundenheit noch viel mehr Fragen aufwerfen.

Von der EINEN Alltagskommunikation zu sprechen, würde einem sicherlich nicht gerecht werden: der ständigen Veränderung unserer Kommunikationsmittel und -wege. Dieser Prozess hat sich in den letzten Jahren drastisch beschleunigt und ist durch die Mediatisierung von Gesprächen noch dynamischer geworden. Hat sich unser Gespräch im Alltag — ob beruflich oder privat — durch Smartphones und Co. verändert? Ja! So hat sicher schon jeder von uns einmal Folgendes beobachten können: Zwei Menschen sitzen gemeinsam an einem Tisch im Straßencafé und anstatt sich zu unterhalten (wie das früher wohl der Fall gewesen wäre), tippt jeder auf seinem Handy herum. Ständig fordern eingehende WhatsApp-Nachrichten oder Facebook-Posts unsere Aufmerksamkeit, die doch eigentlich unserem menschlichen Gegenüber gelten sollte.

Auch im Büro ist das oft nicht viel anders: Sprechen wir mit Kollegen oder Mitarbeitern an deren unmittelbarem Arbeitsplatz, müssen wir gewahr sein, dass vielleicht gleichzeitig wichtige E-Mails abgerufen und beantwortet werden. Wie gut, dass es im Büro den Flur gibt, auf dem man sich idealerweise ohne Computer oder Laptop begegnet … — wäre da nur nicht das schnurlose Telefon, dass selbst auf dem Weg zur Kaffeeküche nicht fehlen darf. Ob wir wollen oder nicht: Die Medien sind Teil unserer Kommunikation im Alltag. Aber Gott sei Dank gibt es inzwischen auch eine Art Etikette, damit die Verwendung portabler Medienendgeräte unsere Alltagskommunikation Face-to-Face nicht vollkommen ausrottet.

Woher kommt die Alltags- bzw. Umgangssprache — ein paar Gedanken und Hintergründe

Anette Herbst, eine Schweizer Kabarettistin, beginnt ihr abendfüllendes Bühnenprogramm mit den Worten: „Wenn ich die heutige Sprache nicht versteh, dann ist das mein Problem. Wenn ich Schiller nicht versteh, dann ist das Kunst. Versteh'n Sie? Das ist doch verrückt! Und darüber würd' ich halt gern mal mit Ihnen sprechen."

Kommunikation im Alltag wird geprägt von der Umgangssprache. Im Gegensatz zu den wohl abgewogenen Worten, die in vorbereiteten Vorträgen, Gesprächen und geschriebenen Texten zur Anwendung kommen, ist die Alltagssprache diejenige, die aus dem Moment heraus entsteht. Sie ist knapper, kürzer und hat eine Ausdrucksweise, die oft auch die Zugehörigkeit zu einer Gruppe (Milieu-Sprache) erkennen lässt. Sie kann die Tendenz haben, etwas nachlässiger, salopper daherzukommen.

Die geschriebene Standard- oder auch Hochsprache ist durch den Brockhaus und Duden definiert, die gesprochene Sprache jedoch ist regional sehr unterschiedlich. Historie, Herrschaftsverhältnisse und Herkunft der Einwohner prägen bis zum heutigen Tag die entsprechende Sprache. Im deutschen Sprachraum herrscht daher eine große umgangssprachliche Vielfalt. Durch das

Zusammenwachsen der Welt entsteht aber unweigerlich eine Art Standardisierung. Völker und Einwohnergruppen mischen sich mit Auswärtigen, Zugewanderten. Das ergibt schlussendlich neue Mischformen der Alltagssprache, die sich überregional leicht angleichen. Erkennen lässt sich dies beispielsweise anhand einzelner Wortschöpfungen. Aber auch das Aussterben von Berg-Tal-Dialekten, die kein Mensch außer den Einheimischen versteht, zeugt davon.

Die Alltagssprache ist ebenfalls ein Zeichen vom „Hier und jetzt". Räumlich reden wir ähnlich — im gleichen Ort, im gleichen Tal, in der gleichen Region. Dies gilt aber auch zeitlich in der jeweiligen Situation. Milieus prägen die Alltagssprache. Sie hängt z. B. auch davon ab, mit welchen Personen wir im Dialog stehen. Am augenfälligsten sieht man das in touristischen Regionen. Oft haben die Einheimischen ihre Ur-Alltagssprache, ihren Dialekt. Den behalten sie im Grund auch dann, wenn Gäste da sind (von fremdsprachigen einmal abgesehen), brechen allerdings die Kanten der Spezialausdrücke und eigenartigen Betonungen, sodass die Verständlichkeit gewinnt. Hier findet ebenfalls eine gewisse Standardisierung der Alltagssprache statt.

1.2 Wie Alltagssprache funktioniert

Die Alltagssprache unterscheidet sich, wie bereits beschrieben, von der austarierten, vorbereiteten und sich am schriftlichen Verkehr orientierten Standardsprache. Sie ist in der Regel kürzer und geprägt von Faktoren, die das Hier und Jetzt kennzeichnen. Um zu verstehen, wie die Alltagssprache grundsätzlich entsteht, werfen wir einen Blick auf die Theaterschaffenden.

1.2.1 Improvisation(stheater)

Bei Improvisationsspielen oder -stücken sind klare Regeln auf der einen Seite dafür da, um dramaturgisch ein möglichst sinnvolles Ganzes auf die Bühne zu bringen. Auf der anderen Seite wird das Improvisationstheater durch die spontan entstehenden Dialoge geformt und greifbar gemacht.

Wie entstehen Dialoge im Improvisationstheater? Improvisation bedeutet, etwas ohne Vorbereitung — also aus dem Stegreif — dar- oder herzustellen. Tatsächlich entsteht jede Handlung und jeder Dialog auf dieser Bühne im Moment. Es gibt kein Drehbuch, keinen vorgegebenen Text und keinen Regisseur. Ursprung der Szenen sind Vorgaben aus dem Publikum; als Stichwort hineingerufen oder durch kleine Dialogsätze, die auf Zettel geschrieben und auf der Bühne verteilt werden. Welche Szenen daraus entstehen, wissen weder Schauspieler noch Publikum. Es kann eine Komödie sein, ein Drama oder ein Musical. Oder irgendetwas ganz anderes ...

Im Alltag sieht das ganz ähnlich aus. Die Dialog-Szenen im Alltag entstehen hier nicht durch Vorgaben aus dem Publikum, sondern durch Impulse von innen und außen. Jeder Mensch reagiert in verschiedenen Situationen unterschiedlich. Und ob Mitmenschen, Situationen oder räumliche Veränderungen: Alles, was durch die Sinne wahrgenommen werden kann, ist als **Impuls** möglich und geeignet.

▶ BEISPIEL

Zwei Menschen sitzen an einem Tisch, die Tür geht auf und es zieht ein eisig kalter Wind an den Tisch der beiden. Der Impuls ist Kälte. Da wird wohl der eine zum anderen sagen, „Saukälte", oder dann den neu auf die Bühne tretenden Mitmenschen, der eben durch die Tür gekommen ist, darauf aufmerksam machen: „Mach die Türe zu." So entstehen Dialoge, denn der andere kann ja wieder darauf antworten mit: „Frische Luft tut diesem stickigen Raum gut." Nächster Impuls ist dann „Wahrnehmung über den Hörkanal".

Immer spannend sind Dialoge in einer Cafeteria. Eine Szene nach dem Urlaub:

▶ BEISPIEL

Es ist August, zweite Hälfte. Die Menschen sind aus dem Urlaub zurück und wieder an ihren Arbeits- und Diskussionsplätzen wie Kantine, Warteschlaufe vor dem Kapsel-Turm der Nespresso-Kaffeemaschine und nicht zu vergessen den Raucher-Nischen vor dem Firmengebäude zwischen Haupteingang und Besucherparkplätzen, raffiniert mit Steh-Aschenbecher, behelfsmäßigen Werbe-Sonnenschirmen und Klappstühlen ausge-

stattet. Gesprächssaisonthema der zweiten Augusthälfte: Urlaub. Alle kommen wieder zurück und zwei Mitarbeiter treffen sich.
Mitarbeiter 1: „Hallo — wie war dein Urlaub?"
Mitarbeiter 2: „Super!"
Mitarbeiter 1: „Freut mich, unser war auch super."
Mitarbeiter 2: „Ja, ich sag dir, der Kellner im Hotel. Konnte kaum arabisch, aber dafür umso besser Deutsch. Und die Kinder sind ja allmählich selber unterwegs und man ist schon froh, wenn man sie abends beim Buffet wieder sieht. So ändern sich die Zeiten."
Mitarbeiter 1: „Ja, das ist so. Bei uns war das Essen wirklich gut, die Bedienung freundlich, aber die Zimmernachbarn etwas laut. Die Heimfahrt ging flott und die Wäsche ist bereits wieder gemacht."
Mitarbeiter 2: „Ja, wir hatten wirklich einen tollen Service an Bord."
Mitarbeiter 1: „Ja, letztes Jahr sind wir mit der Air Singapur geflogen, war noch besser als ihr Ruf."
Mitarbeiter 2: „Allerdings war das Bodenpersonal dann wirklich schlaff, bis die das richtige Gepäck hatten."
Mitarbeiter 1: „Ja, das war bei uns genauso, denn obwohl es unserem kleinen Fabian so schlecht vom Fliegen war letztes Jahr, hat sich niemand um ihn gekümmert."

Hier ist der Impuls immer wieder der neue Satz des Gegenübers. Ein wirklicher Dialog findet aber nicht statt, weil die Präsenz fehlt, sich ganz dem anderen hinzugeben. Man könnte dazu locker auch Doppelmonolog sagen. Kommunikativ nichts Tiefgreifendes, aber im Alltag eben oft gehört. Funktioniert soweit, weil die Impulse irgendwie gleichwohl aufgenommen werden.

Wer also wirklich ein wertvolles Alltagsgespräch halten möchte, braucht **Präsenz**. Es ist die Paradedisziplin im Alltagsdialog. (Dazu später mehr). Genau das gilt auch beim Improvisationstheater. Ohne Präsenz entsteht kein Dialog. Improvisations-Schauspieler sind die wahren Künstler im Bereich Präsenz. Sie sind in der Lage, sich voll und ganz der Szene hinzugeben, sich loszulösen und auf alle Impulse zu achten und sie in Sekundenschnelle und unbewusst in eine Handlung oder einen Dialog umzusetzen. Die wohl berühmtesten Alltagsgeschichten, völlig improvisiert, hat die „Schillerstraße"[2] zur Perfektion getrieben. Das ist Alltag pur, keine Special-Effects, keine Gag-Schreiber, nur Alltag und nur durch unmittelbare Impulse entstanden.

1.2.2 Der Einfluss der eigenen Rolle und des Milieus

Einen weiteren Punkt braucht es noch, damit Improvisationstheater funktioniert: die **Grundrolle**. Jeder Mensch hat seine Rolle. Im Theater wird sie häufig sehr klar und auch etwas überzeichnet dargestellt, damit das Publikum die Geschichte versteht. Auch beim Stegreiftheater ist klar, wer wer ist. Die Etablierung der Geschichte beginnt mit der Rollenfindung. Diese Grundstruktur ist notwendig, im Alltag gibt es sie ja auch. Sie treffen sich mit Ihrer Mutter. Die Rollenverteilung ist klar. Sie führen ein Gespräch mit Ihrem Chef, auch hier ist alles zugeteilt. Selbst wenn Sie am Wochenende mit Ihren Klubkollegen einen Ausflug machen, ist in der Regel klar, wer welche (oft auch subtile) Rolle innehat. Der eine ist der Organisator, der andere der Klub-Spaßvogel, der nächste meint als einziger, er sei dieser Spaßvogel, aber niemand nimmt ihm das ab, ein anderer wiederum ist die Spaßbremse usw.

Aus geregelten Rollenmustern heraus entstehen Alltagsdialoge sehr schnell. Anspruchsvoller wird es, wenn die Rollen unklar sind oder erst gefunden werden müssen. Jeder kennt das, alleine auf einer Party, wo man erst einmal niemanden kennt. Anfänglich kostet das viel Energie, bis Sie jemanden gefunden haben, mit dem Sie reden können, und bis auch etwas klarer ist, wer hier wer ist und welche Rolle für Sie vorgesehen ist. Sind Sie „ein Freund des Gastgebers" oder „der böse Nachbar" oder „derjenige, dank dem jetzt endlich Stimmung in diese Bude kommt"?

Rollen werden etabliert und sind schlussendlich auch vom **Milieu** abhängig. Wo findet das „Theater" oder die „Alltagsszene" statt? Unter Jugendlichen? Im Forschungslabor von Chemie-Professoren? Im Wartezimmer beim Arzt? Unter Fußball-Kollegen? Beim Kaffee-Tratsch der Ehefrauen? Milieu-Faktoren

---

[2] http://www.youtube.com/watch?v=JPkSVZAJJs4

prägen ganz besonders die Alltagssprache. Mit ihren oft versteckten Codes schaffen sie eine Aura der Zugehörigkeit.

Sie finden in Kapitel 1.5 einige Variationen des Märchens vom Rotkäppchen in unterschiedlichen Milieus. Ich bin überzeugt, Sie finden hier die Unterschiede ... Denn: Milieusprache gibt es im Business zuhauf. „Typisch Chefetage" oder „typisch IT-ler" oder „typische Verkäufersprache" — solche Aussagen zeigen, dass es innerbetrieblich oder innerberufsspezifisch milieugeprägte Sprachen gibt und sich diese im Laufe der Zeit deutlich weiterentwickelt haben.

! WICHTIG

Dies sollten Sie bei Ihren Gesprächen im Blick haben:
Beobachten Sie sich bei Gesprächen und beachten Sie die verschiedenen Einflussfaktoren:

Schritt/Faktor 1: die Rolle
- Welche Rolle haben Sie in diesem Dialog?
- Was ist Ihre Position in diesem menschlichen Gefüge?

Schritt/Faktor 2: das Milieu
- In welchem Milieu sind Sie gerade?
- Wo findet der Dialog statt?
- In welcher gesellschaftlichen Umgebung?
- An welchem Ort?
- In welchem zeitlichen, kulturellen Umfeld?

Schritt/Faktor 3: die Präsenz
- Wie präsent sind Sie gerade?
- Wie tief sind Sie bereit, sich dem anderen „hinzugeben"?
- Wie konzentriert sind Sie in diesem Dialog?

Schritt/Faktor 4: der Impuls
- Was nehmen Sie über Ihre Sinne wahr? (sehen, hören, fühlen, riechen, spüren)
- Welche Worte löst der Impuls aus?

1.3 Ein Feldversuch: Charakteristika in der Alltagssprache

Wie kommunizieren Menschen in unterschiedlichen Situationen — auf den folgenden Seiten finden Sie ein paar Beobachtungen:

Ort	Gegebenheit Typische Themen	Umfang Wortschatz	Typische Wörter und Wendungen	Breite der Emotionen	Satzlänge
Auf dem Weg zur Arbeit: In der S-Bahn	Normalerweise strahlt jeder aus: „Ich möchte nicht angesprochen werden und mit niemandem reden." Eventuelle Themen: Sitzplatz, Verspätungen In S-Bahnen am Werktag, wo jeder weiß, wo er hin muss und wie er dorthin kommt, gibt es statt „Themen" eher „Tabu-Themen": Nicht fragen, wo es nach … geht, Sie outen sich als „Nicht-zur-Arbeit-gehen-der-Mensch".	Einsilbig Kurze Sätze Ja, Nein Schweigen Die Blicke sprechen dagegen ganze Dialoge. Sitzt jemand am Mittelsitz zum Gang hin, den Fensterplatz lässt er leer, dann weiß jeder, der hier vorbeigeht: dieser verhält sich unsozial. Nie würde jemand das verbal sagen, mit dem Blick tun es aber gefühlte fast 50 %	Maximal ein: „Darf ich …?" „Entschuldigung, ich möchte hier gern sitzen, ist hier noch frei …" Oder: Können Sie mir sagen, wie ich von … nach … komme? Muss ich dort aussteigen, wenn ich dorthin will.…	Eher leer z.T. unangenehm, genervt, gestresst … Es kann in Feierabendzügen schon zur Ausgelassenheit kommen … oder zu den Ärger aus dem Büro abbauenden Emotionen.	Kaum ganze Sätze In Feierabendzügen sind die Sätze bedeutend länger. Jeder erzählt seine Geschichte, die bereits 15 Minuten nach Arbeitsschluss schon 20 % länger und dramatischer ist.

In der S-Bahn

Ort	Gegebenheit Typische Themen	Umfang Wortschatz	Typische Wörter und Wendungen	Breite der Emotionen	Satzlänge
Im Großraumbüro	Schweigen …, während der Computer schnell hochgefahren wird. Ein paar Morgengrüße machen die Runde. Sofort Blicke wieder Richtung Computer und in die Tastatur gehauen. Zwischendurch aber auch klassische Tratschrunden über Kolleg/Innen im Betrieb, über Vorgesetzte, über Freunde/Lebenspartner, Kinder. Oft auch ein Keimherd für Gerüchte aller Art.	Eher karg, beschränkt sich oft und gerade in den Morgenstunden aufs Wesentliche. Ausgenommen natürlich die Tratschrunden, da ist der Wortschatz sehr blumig. Da gibt es aber auch diejenigen, die mit langen Referaten nicht nur mitteilen möchten, dass sie wichtig sind, sondern die Haltung haben, „solange ich rede, muss ich nicht arbeiten."	„Morgen!" „Geht bei dir der Computer auch nicht?" „Wann gehst du in die Pause?" „Bin dann mal weg." Oder im Fall der Tratschrunde: „Hast du gehört …"	Sehr schmal, recht funktional. Bei Tratschrunden mit Schadenfreude durchsetzt oder negativ.	Kurz, oft kaum ganze Sätze, außer man ist gerade am Tratschen. Je näher das Thema am Tratsch, desto leiser wird gesprochen. „Je leiser, desto ,tratsch' …"

Im Großraumbüro

Ort	Gegebenheit Typische Themen	Umfang Wortschatz	Typische Wörter und Wendungen	Breite der Emotionen	Satzlänge
In der Betriebs-kantine	Gespräche drehen sich meistens über Ange-legenheiten im Geschäft/ am Arbeits-platz. Bei „Stamm-runden" (Personen, die immer in der gleichen Gruppe zur gleichen Zeit essen gehen) gibt es auch fast rituell diverse private Themen (am Montag die Wochenend-Aktivitäten).	Die Diskussio-nen laufen nur scheinbar ineinander. In erster Linie erzählt jeder seine Geschichte, man hört sich offiziell zu, interessiert sich aber eher wenig. Themen grei-fen nicht in-einander, kein wirklich echter Dialog, eher eine Anein-anderreihung von Mono-logen.	„Ja, genau" „Bei mir auch" Bei Geschäfts-diskussionen: „Man sollte halt …", „Da hätte man …" „Der hat wieder …" „Das habe ich schon lange gesagt …" „Das funktio-niert nie …" „Weiß man schon, wer …?"	Bei privaten Gesprächen eher positive Emotionen. Bei Geschäfts-gesprächen oft auch eine gewisse „Jam-mer-Kultur". In Stamm-runden wird dagegen viel gelacht.	Eher länger, da jeder für sich eine wenig vorüberlegte Geschichte erzählt.

In der Betriebskantine

Ort	Gegebenheit Typische Themen	Umfang Wortschatz	Typische Wörter und Wendungen	Breite der Emotionen	Satzlänge
Auf der Dienstreise in der Eisenbahn: Im Zugrestaurant	Man sitzt sich gegenüber, redet anfänglich nichts bzw. sehr wenig. Langsam entsteht ein Gespräch. Es wird über die Menükarte und das Wetter gesprochen, wohin die Reise geht, dass es angenehm ist, im Zug zu reisen. Oft liegen Tageszeitungen umher. Jeder nimmt sie mit, liest sie und lässt sie da. Hier das Thema der ersten Seite, oft ein ,einverboulevardisiertes', politisches Thema, zu dem jeder, sei es noch so kompliziert, eine Meinung haben kann. Und Fussball kann eh jeder …	Der Wortschatz ist auf die Thematik beschränkt. Man führt ein eher oberflächliches Gespräch, das aber trotzdem eine gewisse Ernsthaftigkeit hat. „Zusammen essen" verbindet und gibt eine etwas größere Tiefe als ein reines „Smalltalk-Gespräch".	Wissen Sie Und sind Sie auch … Ja, dort war ich auch. Ach das ist ja interessant… Der Matsch … der Regen … die Sonne … das Wetter ist nicht immer berechenbar	Neutral, sachlich, beschreibend. Eher wenig Persönliches. Eher schmale, emotionale Breite.	Durchschnittlich Sätze greifen ineinander. Man hört sich zu.

Im Zugrestaurant

Ort	Gegebenheit Typische Themen	Umfang Wortschatz	Typische Wörter und Wendungen	Breite der Emotionen	Satzlänge
Unter dem Weihnachts-baum	Familienleben, Geschenke Oberflächliche erfreuliche, feierliche Themen … oder dann aber gerade: deftig und direkte, persönliche Angelegenheiten, die die ganze Stimmung zum Implodieren bringen. Siehe auch „typische Wörter und Wendungen" oder „so beginnt der weihnächtliche Zwist …	Sehr blumig, breit, positiv Auch bei negativen Themen: breites Repertoire, persönliche gefärbte Wortwahl. Viele Personalpronomen, eher viele emotionale Worte.	Oh, schön, super, toll. Du, ich, wir, die xx von nebenan. „Das Fleisch ist heute …" und schon hat man nicht nur Feedback gegeben, sondern auch eine wertende Aussage gemacht. Ist es positiv, kann es folgendermaßen verstanden werden: „… war letztes Jahr nicht so gut, du hast aber nichts gesagt." Ist es negativ, haben Sie den Grundstein für unselige Weihnachten gelegt.	Sehr große Breite möglich. Beginnt meist betont fröhlich, kann sich aber noch steigern — in beide Richtungen.	Von kurz bis lang gibt es alles. Bei weit schweifenden Erzählungen sehr lange, bei der Betrachtung der Bescherung oder beim Zuhören dann eher kurz.

Weihnachten

> | WICHTIG
>
> Die Alltagssprache ist in ihrer Wortwahl umfeld- und milieugeprägt und zeigt, dass der unmittelbar genutzte Wortschatz kleiner und die Satzlänge kürzer ist als in der vorbereiteten oder schriftlichen Standardsprache üblich. Dagegen ist die Breite der Emotionen durch die Übernahme der unmittelbaren Stimmung oft größer als beim kalkulierten Dialog.

1.4 Bunte Alltagssprache

Wie bei den verschiedenen Gesprächssituationen bereits sichtbar, ist unsere Alltagssprache kein statisches Kommunikationsmittel. Es ist ein sehr flexibles Verständigungsmedium, das sich permanent anpasst und sich daher im Laufe der Zeit immer wieder verändert. Technik, Wirtschaft, Politik, Mode und vieles mehr beeinflussen unsere Alltagssprache — oft ohne dass wir es merken. Genauso wie der Alltag nur vermeintlich grau ist, verhält es sich mit unserer im Alltag verwendeten Sprache. Auch wenn bisweilen der Eindruck entsteht, die Alltagssprache wäre wenig abwechslungsreich, sie ist es keineswegs. Sie begegnet uns bunt wie der Regenbogen. So finden sich, obwohl wir alle Deutsch miteinander kommunizieren, verschiedenste Ausdrücke und Redewendungen, die nicht jeder versteht und die Aufschluss darüber geben, in welcher Gegend man sich befindet. Des Weiteren haben Anglizismen oder Ausdrücke Eingang in die Alltagssprache gefunden, die einem bestimmten beruflichen Code/Jargon entstammen und Aufschluss über den Sprecher geben.

1.4.1 Alltagssprache in den Regionen – Atlas zur deutschen Alltagssprache (AdA)

Bereits seit zehn Jahren erforschen Prof. Dr. Stephan Elspaß von der Universität Salzburg, Fachbereich Germanistik, und Prof. Dr. Robert Möller von der Université de Liège, Département de Langues et Littératures modernes, die Alltagssprache in den deutschsprachigen Ländern. Die Ergebnisse der Erhebungen werden der sprachinteressierten Öffentlichkeit im Atlas zur deutschen Alltagssprache ADA[3] vorgestellt. Zum einen wird die erfasste aktuelle Vielfalt des Deutschen bildhaft auf Karten dargestellt, zum anderen wird aufgezeigt, wie sich der Sprachgebrauch in den letzten 30 Jahren verändert hat.

REGIONALE Unterschiede in der Alltagssprache (Auszüge aus dem Atlas der Alltagssprache[4])

„In vielen deutschsprachigen Gebieten, vor allem in Norddeutschland, werden die traditionellen Dialekte nur noch von älteren Sprecherinnen und Sprechern verwendet, in anderen Regionen, z. B. dem Ruhrgebiet, sind sie fast vollständig aus dem Sprachgebrauch verschwunden. Regionale Unterschiede haben sich aber bis in die Standardsprache, das ‚Hochdeutsche‘, erhalten. Das betrifft lautliche Merkmale, besonders aber den Wortschatz. So sind im Hochdeutschen sowohl das eher im Nord(ost)en gebrauchte Sonnabend *wie auch das eher in der Mitte und im Süden bevorzugte* Samstag *zugelassen. Besonders deutliche regionale Unterschiede weist die Alltagssprache auf. Für den ‚Atlas zur deutschen Alltagssprache‘ werden neben regionalen Varianten des Wortschatzes auch solche zur Aussprache, zu den grammatischen Formen oder auch zu Formen der Anrede erhoben. "*

Die Erhebung

„Die verschiedenen regionalen Varianten werden über Internetumfragen, also per indirekter Methode, an fast 500 Ortspunkten in Deutschland, Österreich, der deutschsprachigen Schweiz, Südtirol, Ostbelgien und Luxemburg erhoben. Dabei wird nicht nach der individuellen Gebrauchsform der Internetnutzer gefragt, sondern nach dem ‚normalen ortsüblichen Sprachgebrauch‘. In den Umfrageformularen, die online zugänglich sind und auch online ausgefüllt werden, gibt es zu jeder Frage sowohl vorgegebene Antwortmöglichkeiten als auch ein Freitext-Feld, in dem weitere Angaben gemacht werden können. "

---

[3] http://www.atlas-alltagssprache.de
[4] http://www.atlas-alltagssprache.de

Alltagskommunikation

Gemäß den beiden Autoren ist es ein *„zentrales Anliegen des Atlas zur deutschen Alltagssprache (AdA), die Sprachformen zu erfassen, die Sprecherinnen und Sprecher des Deutschen in der Alltagskommunikation verwenden, also im sozialen und funktionalen (‚Nähe'-)Bereich des Privaten, des spontanen Gesprächs unter Freunden, Verwandten oder Bekannten oder auch im informellen Austausch unter nicht näher Bekannten aus demselben Ort, etwa im örtlichen Lebensmittelgeschäft.* "[5]

Die drei folgenden aktuellen Beispiele aus dem Business-Alltag entstammen dem Atlas zur deutschen Alltagssprache (AdA):

„Über Alltägliches reden"

über Alltägliches reden

- ● quatschen
- ▲ ratschen
- ● tratschen
- ▲ plaudern
- ● klönen
- ● schnacken
- ○ schwatzen
- ✳ schwätzen
- ■ babbeln
- ■ Sonstiges

---

[5] http://www2.hu-berlin.de/vivaldi/tagung/beitraege/pdf/07_moeller_elspass.
pdf

„Für die Karte ‚über Alltägliches reden' wurde folgender situativer Kontext vorgegeben: ‚Wie sagt man bei Ihnen, wenn zwei oder mehr Personen – auf der Straße, im Büro etc. – zusammenstehen und sich über Alltägliches (neutral, ohne schlecht über andere zu reden o. ä.) unterhalten.'
Am weitesten verbreitet sind die – auch lautlich ähnlichen (und lautmalerischen) – Ausdrücke tratschen, quatschen und ratschen. Tratschen ist fast überall im Sprachgebiet gebräuchlich – außer da, wo man ratschen, klönen oder schnacken sagt –, (nur) im Osten Österreichs (Wien, Niederösterreich, Burgenland und Teile der Steiermark) ist es eindeutig das dominierende Wort. Ratschen ist der typische Ausdruck in Bayern (bzw. auch in unmittelbar angrenzenden Gebieten), Österreich (mit Ausnahme des Ostens) und Südtirol. In der Mitte des Sprachgebiets (von der Maas bis zur Oder) stehen quatschen und tratschen nebeneinander. In den nördlichsten deutschen Bundesländern konkurrieren die Wörter klönen oder schnacken, die beide aus dem Niederdeutschen stammen (Kluge, 451, Pfeifer, 1227). Im Saarland, in Schwaben, in der Nordschweiz sowie in einigen Gegenden Mitteldeutschlands sind (auch) schwatzen oder schwätzen üblich, auch dies wohl ein ursprünglich lautmalerischer Ausdruck (Pfeifer, 1257), ebenso wie babbeln, das typisch rheinfränkisch-südfränkisch zu sein scheint, und plaudern (Pfeifer, 1018f.), das in vielen Teilen der Schweiz verbreitet ist, aber auch andernorts gemeldet wird (z. B. aus der Eifel, aus Franken und aus Sachsen-Anhalt).
Unsere Karte lässt sich mit der WDU-Karte ‚sich unterhalten (zwanglos, unter Nachbarn)' vergleichen (WDU 3-9). Auf dieser ist etwa klönen noch sehr viel stärker im Norden Ostdeutschlands verbreitet. Auch scheinen danach in den 1970er/1980er Jahren die Formen schwatzen oder schwätzen noch an mehr Orten im (Süd-)Westen üblich gewesen zu sein. In der WDU-Karte verzeichnete kleinräumige Varianten wie wafen (Oberfranken), gatschen (Niederösterreich) oder schnör(r)en (Schweiz) tauchen auf unserer Karte nicht mehr auf."[6]

---

6   http://www.atlas-alltagssprache.de/runde-7/f08b/

„Die Antwort auf „Danke" [7]

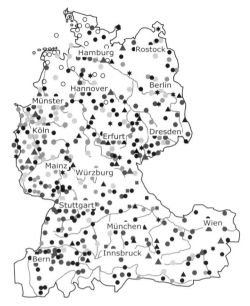

Antwort auf "Danke"

- ● bitte
- ▲ bitt(e) schön
- ● gern geschehen
- ▲ gern(e)
- ● nichts zu danken
- ● kein Problem
- ○ da nich(t) für
- ✳ keine Ursache
- ■ passt schon
- ■ vergelt's Gott

„Zu unserer Frage, was man sagt, ‚wenn sich jemand für eine Kleinigkeit be-dankt und man darauf etwas erwidert', wurden uns vielerlei Wörter und Höf-lichkeitsformeln gemeldet, die für den größten Teil des deutschen Sprach-gebiets auf keine bevorzugte Variante schließen lassen. Bitte *und auch* gern geschehen *kann man sicherlich fast überall hören. Auffällig sind auf der Karte jedoch zwei größere Gebiete, in denen jeweils eine bestimmte Erwide-rungsformel dominiert:* Gern geschehen *(in den Ausprachevarianten* gern/ gärn gscheh, gern/gärn gschie *u. a.) scheint in der Schweiz vor allen anderen Formen bevorzugt zu werden, und* da nich(t) für *hört man typischerweise im Norden Niedersachsens, in Hamburg, Bremen und in Schleswig-Holstein. (Allein die Getrenntstellung des Pronominaladverbs* da-für *ist charakteris-tisch für den Norden, vgl. hierzu die Karten zu* damit, davon, daran*! In der Schriftsprache werden diese zusammengeschrieben; in der gesprochenen*

---

[7]   http://www.atlas-alltagssprache.de/runde-2/f02/

Sprache gibt es viele Wendungen, in denen die Getrenntstellung normaler ist – wie eben auch in dieser Erwiderungsformel: Dafür nicht würde kaum jemand sagen. Überwiegend wird man der Wendung übrigens in der Form da nich für begegnen, da das t in nicht in der Alltagssprache des Nordens üblicherweise wegfällt, vgl. hierzu die Karte zu nicht in dieser Fragerunde). Ansonsten lässt sich nur Folgendes verallgemeinern: Nichts zu danken, das eher von Jüngeren gebrauchte kein Problem oder auch keine Ursache wird man südlich der Donau kaum hören; dort trifft man häufiger ein gern geschehen oder gerne an. Aus Bayern wurde auch vereinzelt Vergelt's Gott gemeldet. Hier liegt möglicherweise ein Missverständnis vor, denn Vergelt's Gott wird üblicherweise nur als Ausdruck des Dankes selbst verwendet (auf den man etwa mit Segne es Gott/Seng's Gott antworten kann)."

„Frühstück am Arbeitsplatz"[8]

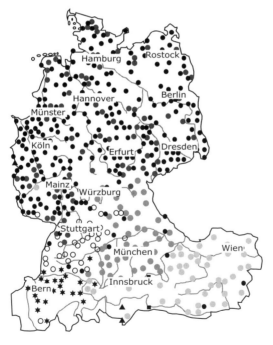

Frühstück am Arbeitsplatz

● Frühstückspause

▲ Pause

● (zweites) Frühstück

● Brotzeit

◌ Jause

○ Vesper

✳ Znüni

■ Neuner

---

8 http://www.atlas-alltagssprache.de/runde-4/f02/

„Das Frühstück am Arbeitsplatz wird nördlich des Mains allgemein als Früh-stückspause oder (zweites) Frühstück bezeichnet. Im Süden gibt es da-gegen eine klare – in Deutschland auffällig mit den Ländergrenzen über-einstimmende – Verteilung zwischen Vesper (Baden-Württemberg), Brotzeit (Bayern), Jause (Österreich) und Znüni (Schweiz). Wie Znüni (‚zu neun‘) er-klärt sich Neuner in Tirol als Hinweis auf die Uhrzeit (eine Zwischenmahlzeit am Nachmittag heißt in der Schweiz Zvieri, s. VWB, S. 906). Gegenüber der WDU-Karte (1977, Kt 1-35) hat sich an der Gesamtverteilung kaum etwas ge-ändert, nur Halbmittag (Südtirol) und Gabelfrühstück (Ostrand Österreichs), das im Fragebogen noch vorgegeben war, wurden uns nicht mehr gemeldet. Stark zugenommen haben allerdings im Norden, Osten und Westen die Mel-dungen für Frühstückspause, und zwar auf Kosten der Bezeichnung (zwei-tes) Frühstück.“

1.4.2 Sprachdesign oder Business-Jargon

Neben geografischen Gegebenheiten spielt auch der gesellschaftliche und technische Wandel eine entscheidende Rolle: Benötigte man z.B. vor fünfzig Jahren zum Telefonieren noch eine Wählscheibe, ist heute ein Touchscreen selbstverständlich. Ebenso verändert er den Sprachgebrauch. Wörter sterben aus und andere werden erfunden bzw. neu gebildet. Etwa 5.000 neue Begriffe werden in jede Neuauflage des Duden aufgenommen. So unterliegt unsere Alltagssprache einem ausgeprägten Stilwandel. Sie passt sich der modernen Arbeitswelt an. Nicht zuletzt durch die Globalisierung finden immer mehr, aber keinesfalls immer notwendige Anglizismen Eingang in die deutsche Spra-che. „Denglisch" und „Managementsprache" werden gepflegt. Es wird hem-mungslos geradebrecht. Mit hochtrabenden Phrasen und Worthülsen werden Unklares verschlüsselt, Alltägliches aufgemotzt, Halbwahrheiten kaschiert.

Dass dies nicht immer der besseren Verständigung dient, sondern manchmal eher einem babylonischen Sprachengewirr ähnelt, zeigen die folgenden Bei-spiele.

„Denglisch"[9]

Der gesellschaftliche Wandel und explizit auch der Wandel in der Umgangssprache im Business prägen Wortstil und Satzbau und schaffen teilweise schon fast wieder eine neue Sprache oder zumindest einen klar erkennbaren „Zugehörigkeitscode". Oft auch als „Manager-Sprache" bezeichnet, ergeben sich je nach Branche mehr oder weniger ausgeprägte Deutsch-Englisch-Mischformen. Obwohl man sich wohl vielerorts daran gewöhnt hat, kann das unter Umständen doch recht skurril wirken.

Da beginnen Menschen ein *Early-Morning-Board* und tun im Grunde nichts anderes, als dass sie den Tag besprechen. Weiter geht's mit *Meetings, Quick-and-Quality-Time-outs*, an denen *getalkt, gebrieft* und *getrackt* wird. Klar, man kann auch sagen: Wir treffen uns kurz, um eine Entscheidung zu treffen. Aber branchenüblich ist das natürlich nicht überall.

Beim *Face-to-face* mit dem *Direct-and-End-Consumer* könnte man auch von Kundengespräch reden, aber ein *Key-Account-Manager* ist ja kein Verkäufer und verkauft, sondern er *committet* sich im *Sales-Business*. Mal etwas suchen oder abklären, war gestern, heute *googeln* wir mal oder wir genießen den *Casual-Friday* ohne Krawatte, klären das aber vorher noch in einem *Conference-Call* ab.

Nicht nur englisch, es gibt auch manche neuen deutschen Wörter, die so den Einzug ins Leben und schlussendlich eines Tages in den Duden finden. *Projekte* werden oft nicht mehr *durch-*, sondern nur noch *angedacht*. Ist ja nicht *effizient* und bevor man etwas *aufgleist*, sollten wir uns noch *rückkoppeln*. Eine *Task-Force forciert*, ist sich zwar nicht immer bewusst, was die *Exit-Strategie* ist, aber Hauptsache, wir gehen das *proaktiv* (weil wohl aktiv zu wenig aktiv ist ...) an. *Anyway ... finale Details* sind zu klären, bevor der *Rollout* maximal am Fliegen ist. Ansonsten ... fast alles ist im Fluss, „der Wandel ist die einzige

---

9   Unter dem Titel „Beratersprech" hat Christian Töpfer Begriffe aus der Bürosprache und ihre Übersetzung in allgemein verständliches Deutsch zusammengetragen. (http://www.channelpartner.de/a/begriffe-aus-der-buerosprache-und-ihre-uebersetzung,298228)

stetige Größe" und dass wir für alles Geld in die Hand nehmen, ist ebenfalls ein *must-have* oder zumindest ein *nice-to-have.*

Wenn Sie schlussendlich noch übers *Image* an einem *Prio-1-Setting* teilnehmen, kann in Sachen *Corporate-Identity* kaum mehr etwas schiefgehen, außer ein *Outsider* meldet sich im *Blind-Blog* noch über den *USP* des *Added Value* im *Halo Effekt.*

Spätestens aber beim *Business-Lunch* wird jeder *Human-Factor* wieder zum normalen Menschen, der nichts anderes als ein ziemlich natürliches Hungerbedürfnis hat …

1.5   Alltagstypen in der Edition „Rotkäppchen"

Sie kennen das Märchen vom Rotkäppchen? Wenn dem nicht so sein sollte, holen Sie das bitte nach und steigen Sie dann hier wieder in den Text ein.

Gesetzt den Fall, Rotkäppchen wird nicht als Märchen vorgelesen oder pathetisch auf der Bettkante des Heranwachsenden mit der entsprechenden Einschlafdramaturgie erzählt, sondern in der Betriebskantine oder auf dem Schulhof als „real erlebte Story" mitgeteilt. Da kommt die Alltagssprache zur Anwendung und die ist vom Milieu geprägt. Wie würde das klingen?

Wie Milieusprache entsteht, wurde bereits einleitend am Anfang des Buches erklärt. Die Milieus sind auch Codes für eine Zugehörigkeit zu einer bestimmten Gruppe. Solche Gruppen gibt es reihenweise im Geschäftsalltag: Verkäufer haben ihre eigene Sprache, unabhängig von Branche und Betrieb, Vorgesetzte haben sie, IT-Spezialisten sind sogar bekannt dafür, Hausmeister, Controller — sie alle haben ihre milieugeprägte Sprache. Um das zu illustrieren, finden Sie im Folgenden verschiedene Varianten der Geschichte vom Rotkäppchen, jeweils aus einem anderen Milieu heraus erzählt …

1.5.1 Rotkäppchen im Netz der IT

Ein Mädchen mit einem roten Cover hat sich eines Tages durch den Wald hindurch gebrowsert, mit dabei eine up-gegradete Korb-Hardware. Plötzlich teilt die Navi-App mit: „Bitte wenden — Sie befinden sich in einer Gehverbotszone." Schnell umprogrammiert und den Standort neu kalibriert führt der Weg dann wieder direkt zum Ziel. „Bitte dem Richtungspfeil folgen." O. k. — auf der Benutzeroberfläche vom Wald war allerdings kein solcher Button zu finden. Also geht es weiter.

Da plötzlich blinkt hinter einem Baum-Cursor so ein Wolf-Cookie hervor und beginnt seine Soundcard abzuspielen und den Text downzuloaden. Die Sprachbox vom Baum-Cursor-Wolf-Cookie lässt fragen, wohin das Mädchen gehe und was sie so mache. Dies meint zuerst, es handle sich um einen Junk-Filter und denkt, dass alles bereits virengescannt sei, und ignoriert die Störung.

Der Treiber vom Baum-Cursor-Wolf-Cookie hält sich allerdings hartnäckig auf dem Waldboden-Desktop und fragt weiter: „Was tust du da?" Das Mädchen chattet akustisch zurück und deponiert das Add-on mit dem Link, dass sie zu Großmutters Media-Shop gehen müsse.

Im abgesicherten Modus läuft es weiter und trifft im Laufwerk der Großmutter ein. Dort trifft es den Baum-Cursor-Wolf-Cookie-Administrator in einem pyjama-mäßigen Backup. Das Mädchen bootet seine Bits neu und googelt, was das sein könne. Es stellt auf der Grafikkarte ein paar Fehler fest und fragt den Baum-Cursor-Wolf-Cookie-Administrator:

„Was sollen diese Webcams in deinem Kopf?" — „Das ist, dass ich dich besser auf meinem Pic sehen kann."

„Ach so — und die ZIP-mäßigen Lautsprecher?" — „Das ist meine Firewall, dass ich mehr Bits speichern kann."

„O. k. — aber die Zähne sehen schon aus wie Windows-Phone-8-Icons?" — „Das ist, dass ich ohne Kennwort und darum schneller den Editor meiner Energieversorgung anwerfen kann.

Da plötzlich schaltet sich aus dem Netzwerk ein weiterer Hacker zu. Er steht mit einer Mega-Mac-MP4-Flinte im Bildschirm, löscht den Baum-Cursor-Wolf-Cookie-Administrator von der Festplatte und fährt das System endgültig herunter.

Und dank dem Tune-up-Utilities-Wiederherstellungsprogramm wird das System neu gebootet und das Mädchen kann weiter Freude an der neu defragmentierten Festplatte haben.

1.5.2 Rotkäppchen à la Finanzchef

Im Etat des Waldes saldierte ein Wolf. Mit akribischer Genauigkeit war er für das humane Controlling im Wald zuständig.

Da ganz offensichtlich eine Großmutter im Wald im Gläubiger-Verhältnis stand bzw. ein Mädchen ihr noch einen Kuchen schuldete, machte sich das Mädchen auf den Weg, ihr diese Naturalschuld zu begleichen. Im Warenkorb lag die harte Währung, sprich der Kuchen. Im Wald angekommen, machte der Wolf eine kurze Input-Output-Analyse. „Mädchen rein — muss auch wieder raus" — aber da es den eigentlichen Kursverlauf änderte und in der Tendenz nicht gerade in paritätischer Manier den Anfangskurs verließ, nahm der Wolf die Aufsichtspflicht wahr.

„Wohin führt dein Weg?" „Ich steigere den Aktienkurs meiner Familie gegenüber der Großmutter."

Nun, das klang glaubwürdig und gleichwohl sollte das Mädchen gewarnt werden, nicht mehr unüberlegt solch spekulative Geschäfte zu tätigen. Der Wolf legte sich anstelle der Großmutter in ihr Bett und empfing das Mädchen in der Funktion des Strohmannes.

Das Mädchen erlaubte sich, die überzeichneten Augen und Ohren in das Verhältnis zur realen Welt zu setzen und diese spekulativen Aussagen gefielen dem Wolf gar nicht. „Das dient alles dazu, dass ich dich besser sehen und hören kann."

Bei der nicht protokollierten Diskussion über die Zähne kam es dann zum Crash. Das Kontokorrent der grosszügig eingesteckten Aussagen korrelierte für ihn nicht mehr mit der emotionalen Bilanz einer ausgeglichenen Rechnung. Im Sinne einer Sofortmaßnahme schrie er, sprang auf und schmiss das Mädchen kurzerhand aus der Erfolgsrechnung. Der Jäger, der neue Kontoinhaber, stand allerdings schon unter der Türe und hat in einer feindlichen Übernahme das Mädchen gerettet und den Wolf liquidiert. Der Tageskurs der Großmutter pendelte sich wieder auf einer soliden Basis ein.

1.5.3 Rotkäppchen frisch gecoacht

Es war einmal ein kleines Mädchen. Seine Großmutter wohnte auf der anderen Seite des Waldes und weil diese alt und krank war, machte es sich auf den Weg, seiner Oma einen Kuchen vorbeizubringen. Obwohl der direkte Weg durch den Wald führte, nahm es diesen.

Im Wald angekommen, kam der Wolf auf das Mädchen zu und suchte den Dialog. „Was ist das Ziel deiner Reise auf der äußeren und inneren Landkarte und wo bist du gerade?" Das Mädchen, leicht irritiert, meinte, es sei jetzt im Wald und müsse zur Großmutter. Da erwiderte der Wolf: „Das ist gut, du kannst darüber reden, wie es dir gerade geht, wenn du jetzt in dieser Konfrontation mit dem Wolf bist." Das Mädchen meinte, dass es nicht reden wolle, sondern schnell zur Großmutter müsse. „Kannst du das etwas genauer beschreiben, ‚müssen' klingt nach Zwang. Was zwingt dich und wie fühlst du dich dabei?"

„Die Großmutter wird hungrig sein und darum sollte ich weiter." Der Wolf meinte dann noch: „Du musst lernen, Verantwortung zu übernehmen, und erfahren, dass ‚Reden' der Schlüssel zum eigenen Ich ist." Etwas ambivalent und vom Störungsbild etwas überrascht, ging die Struktur des Weges für das Mädchen weiter.

Der Wolf spürte, dass eine konstruktive Konfrontation wohl der richtige Ansatz sei und legte sich ins Bett der Großmutter. Das Mädchen kam an und gab sofort ein Feedback zur eigenen Wahrnehmung. „Warum hast du so große Augen, so große Ohren?" Der Wolf spürte, dass bei ihm diese diagnostischen

Fragestellungen etwas auslösten. Er erwiderte: „Das musst du jetzt lernen herauszufinden, denn ich möchte dich vor allem besser sehen, hören, spüren."

Das Mädchen nahm es so an und erkundigte sich noch nach dem Grund der großen Zähne. Der Wolf spürte, dass seine Stresstoleranz überschritten war und übertrug seinen Gemütszustand in den Diskurs. „Du musst lernen, das auszuhalten, denn ich könnte dich jetzt rein hypothetisch auffressen." „Hä?" — das Mädchen war überfordert. Da kam der externe Berater, der Jäger, zu Hilfe und manipulierte die Lage, indem er dem Wolf das Bauchgefühl mit einer Gewehrpatrone sehr ins Bewusstsein brachte. Die letzten Worte des Wolfes waren: „Ja, ich hab meinen Anteil an diesem Schluss", und dann starb er.

1.5.4   Rotkäppchen am Politiker-Stammtisch

Das Mädchen, man nannte es Rotkäppchen, machte sich eines Tages auf den Weg zu seiner Großmutter, die krank in ihrem Haus am anderen Ende des Waldes lag. Im Wald, da schritt es durch das Gehölz und begegnete dem Wolf. Er begrüßte das Mädchen sehr nett. „Liebes Rotkäppchen. Ich freue mich außerordentlich, dass ich heute zu dir reden darf. Wir leben in Zeiten von steten Veränderungen und da sind Werte, wie du sie pflegst, sehr wichtig. Darum bin ich hier, um dir zu zeigen, dass es dir nicht gutgehen kann, wenn es der Welt, dem Wald und dem Wolf auch nicht gutgeht."

Das Mädchen holte nicht lange aus und beantwortete die Interpellation, noch bevor sie formuliert war: „Ich geh zur Großmutter und tu in diesem Sinn etwas für die alternde Gesellschaft. Der demographische Wandel kommt auch um den Wald nicht herum." Der Wolf ergänzte, dass es eine sehr große Herausforderung sei, diese Veränderungen zu akzeptieren und auch das Revier des Waldes den Tieren zu überlassen. Er meinte, dass die Veränderung halt alle angehe und es nicht immer so glimpflich ausgehen muss wie jetzt.

Rotkäppchen schritt weiter des Weges zur Großmutter. Der Wolf aber war schneller. Durch Kenntnisse des kurzen Dienstweges war er vor dem Mädchen im Haus und legte sich in den Nachtkleidern der Großmutter ins Bett. Das Rotkäppchen kam an und zeigte sich betroffen. Es machte seinem Erstaunen über die Augen und Ohren Luft. „Aber Großmutter, warum hast du so große Augen? So große Ohren?" Der Wolf in der selbst gewählten Funktion der Großmutter sprach ihr zu: „Der demographische Wandel ist auch für die Augen und Ohren eine große Herausforderung. Ich brauche diese Veränderung, um deine Anliegen besser hören und sehen zu können."

Bei der Diskussion über die großen Zähne und den großen Mund kam der Wolf in Argumentationsnotstand: „Die Säulen des gesellschaftlichen Verständnisses basieren vor allem auf klaren Worten. Diese kann ich so besser vorbringen und zur Not könnte ich dich ja auch auffressen, was ich nie …" Der Wolf konnte den letzten Satz nicht mehr sagen. Es war das Stichwort für den Jäger, der mit der Flinte den Wolf sofort aus dem Leben abwählte.

1.5.5 Rotkäppchen für Manager

Ein Mädchen namens Rotkäppchen machte sich auf den Weg quer durch den Wald zur Großmutter. Es sollte ihr Kuchen bringen, da sie sich schwach, krank und einsam fühlte. So konnte es ganz im Stil eines zielorientierten Customer-Relationship-Managements die Beziehung zu seiner A-Kundin stärken.

Die Bestpractice-Variante des Weges war klar, sie führte durch den Wald. Eine straffe Vertriebsstruktur für die Distribution des Kuchens führt zweifellos zur Effizienzsteigerung. Theoretisch könnte das Mädchen vier Großmütter gleichzeitig bedienen, wenn sie diese denn hätte.

Der Wolf, als Mitbewerber auf des Waldes Grunde, machte ihm die Marktführerposition aber streitig. Wenn das jeder machen würde, sagte er sich. „Me-too" geht ja wohl gar nicht und er sprach das Mädchen darauf an.

„Just-in-time-Lieferung in Ehren", meinte der Wolf, „aber du musst alle Stakeholder berücksichtigen, sonst vermiesen sie dir den Markt. Ich kann dieses Co-Branding „Nutzer des Waldes" nicht akzeptieren und verlange Ergebnisse, wie du sofort eine andere Erfolgsstraße benutzen kannst."

Das Mädchen ignorierte diese Marktsignale und ging SMART weiter auf dem Weg zur Großmutter. Dort aber lag bereits der Wolf im Bett und empfing es zum Kick-off-Meeting am Point-of-Sale.

Das Rotkäppchen fokussierte den Blick auf die USPs des Wolfes, die großen Augen, die großen Ohren, die scharfen Zähne und setzte zur Frage zum Benchmark an: „Wofür sind die gut?"

„Tja ... Big-Data", meinte der Wolf und formulierte das Anliegen, dass eine große Menge an Informationen zu hören, zu sehen und zu verarbeiten seien.

„Der Große frisst den Kleinen ... das war schon immer so."

Das hatte der Jäger mitgehört und schritt zur Tat. Gemäß seiner Forecast sollte er dafür sorgen, dass im Wald eine Win-Win-Situation herrscht und eine zu große Marktdurchdringung durch einen Monopolisten eliminiert werden sollte.

Im Stil eines klaren Leadership schritt der Jäger zur Tat und layoutete den Wolf aus dem Markt.

! Learnings

Und wie würden Sie die Geschichte erzählen? Wie würde das Rotkäppchen bei Ihnen klingen? In welchem Milieu sind Sie im Geschäftsleben „zu Hause"? Hören Sie sich einfach einmal um, notieren Sie typische Wörter und schon haben Sie Ihren Code fürs erste eigene Milieu-Märchen beisammen. Viel Spaß!

1.6   Mediatisierte Gespräche

Der amerikanische Soziologe Manuel Castells drückt es so aus: „Wir leben mit den Medien und durch die Medien." Daraus lässt sich der Schluss ziehen, dass es kein Leben jenseits der Medien gibt.

In einem Forschungsprojekt der Universität Mannheim[10] geht die Professorin für Medien- und Kommunikationswissenschaft Angela Keppler der Frage nach, welchen Einfluss Smartphone und Co. auf unsere Gespräche ausüben. Die als Feldforschung angelegte Studie will herausfinden, wie sich die sozialen Medien auf die Verständigung im Alltag auswirken — in ganz normalen Situationen. Alltagsgespräche werden aufgezeichnet, um dann wissenschaftlich analysiert zu werden. Verglichen werden nicht nur Inhalt und Wortlaut der Gespräche, sondern auch die nonverbale Kommunikation wie Blickkontakt oder Körperhaltung.

Auch wenn das Ergebnis der Studie noch aussteht, zeichnet sich bereits ab, dass die mobilen Medien nicht nur Einfluss auf das Gesprächsverhalten im Alltag ausüben. Sie sind vielmehr bereits Teil vieler Gesprächssituationen, werden in die Unterhaltung integriert. Gemeinsam betrachtete Bilder oder aufgenommene Informationen können durchaus die Kommunikation bereichern und fördern, auch weil eben nicht nur eine schier grenzenlose Informationsflut über die Nutzer hereinschwappt, sondern gleichzeitig das schnelle kritische Hinterfragen möglich ist und zur gemeinschaftsbildenden Funktion wird. Selbst wenn der Schwerpunkt heute noch bei der jüngeren Generation liegt, ist der Siegeszug nicht mehr aufzuhalten. Das mediatisierte Gespräch ist also längst eine ernst zu nehmende Form des alltäglichen Miteinanderkommunizierens.

Es wird heute ebenfalls im beruflichen Alltag viel über interne Foren oder Chats kommuniziert — auch vermeintlich Einfaches: „Sitzung findet heute im Raum xx statt"; „Wünsche dir beim Kunden viel Erfolg"; „Hast du Martin heute schon gesehen?"; „Kommst du kurz zu mir rüber?" usw. Die Schriftlichkeit in Form solcher short-messages ersetzt zum Teil die mündliche Kommunikation. Der Facebook-Eintrag vom Kollegen wird auch während des Büroalltags gelesen (obwohl vielerorts offiziell unterbunden, findet es unweigerlich trotzdem statt). Erste Unternehmen haben bereits E-Mail für die einfache Kommunikation abgeschafft. Stattdessen werden neue Plattformen dafür eingerichtet und genutzt. Hier entsteht auch ein neues „Milieu" — das Social-Media-Milieu. Es besitzt eine eigene, kurze Sprache. Getwittert wird auf 140 Zeichen … für alles und alle. Das schafft eigene Regeln!

---

[10] http://mkw.uni-mannheim.de/prof_dr_angela_keppler/dfg_projekt_mediatisierte_gespraeche_alltagskommunikation_heute/index.html

Hannes

Hannes kommuniziert im Alltag ... in den sozialen Medien (Teil 2)
Endlich hat sich auch das Unternehmen von Hannes zur Personalbeurteilung auf das 360-Grad-Feedback eingeschworen. Hannes ist erleichtert. Der Druck, nur „von oben" und nach Zahlen beurteilt zu werden, lässt nach. Das soziale Verhalten gegenüber Untergebenen, Kollegen und Kunden erhält mehr Gewicht. Er ist überzeugt, dort dank seiner einfühlsamen Art zu punkten. Meint er.

Die erste Standortbestimmung
Doch schon beim ersten Vergleich muss er hinten anstehen. Eine persönliche, inoffizielle Vor-Marktanalyse von Hannes zeigt, dass er noch Potenzial hat. Um seine Werte im 360-Grad-Rating abzutasten, zählt er klammheimlich, wie viele E-Mail-Ausdrucke seine Geschäftsleitungskollegen am Whiteboard unter der Rubrik „Positive Rückmeldungen von Kunden und Mitarbeitern" hängen haben. Von den fünf Kollegen auf der gleichen Führungsstufe belegt er Rang 5.

Er geht dieses Ergebnis strategisch an und bespricht sich mit seinem Coach. Die Blitzanalyse ergibt: Hannes hat zu wenig Kollegen und/oder Freunde. Nicht, dass er solche vermissen würde. Als geselliger Mensch ist ihm auch in der Freizeit nie langweilig. Aber eine klaffende Lücke öffnet sich, als ihn der Coach auf „Soziale Medien" anspricht: „Wie viele Freunde haben Sie auf Facebook? Wie viele Kontakte zweiten Grades haben Sie auf XING gelistet? Wie viele Verfolger haben Sie auf Twitter?" und „Wie gefällt Ihnen das Album auf Google+?" Hannes versteht nichts.

Die erste Weiterbildung

Er braucht eine Fortbildung zum Thema Social Media. Im Unternehmens-forum in der nahen Stadt findet ein Vortrag dazu statt. Hannes hört zu, schreibt mit. Als pflichtbewusster Manager stürmt Hannes anschließend ins Büro und eröffnet Accounts bei XING, Twitter und Facebook. Doch selbst als geübter, PC-affiner Mensch kriegt sein Elan einen Knick. Schon in der Installation scheint der digitale Wurm zu stecken.

Und es wird noch schlimmer: Profil verwalten, Informationen bearbeiten, Beziehungsstatus und „Über dich" einsetzen, Zugriffsberechtigungen in Kategorien festlegen, politische und religiöse Ansichten nur engen Freun-den sichtbar machen, ehemalige Wohnorte und Aktivitätenprofil kom-plettieren ... Nach vier Stunden ist alles solide und korrekt hinterlegt. Hofft Hannes.

Die ersten Schritte im Facebook

Am nächsten Morgen im Büro gestaltet er sein „Start-to-work-Ritual" neu. Zuerst öffnet er alle Plattformen und schaut, was sich in der Nacht getan hat. Spannend, was er alles entdeckt. „Ach — Kollege Hubert ist auch auf XING." Der war letztes Jahr drei Monate auf Suche und ist jetzt Chief Distribution of the Division Outgoings. Wie früher, er hat auch da-mals die Post gemacht. „Den klicke ich an", meint Hannes und freut sich, einen neuen Kontakt zu haben.

Auf Facebook erfährt er, wer der Typ ist, der ständig bei seiner Nachbarin, unterdessen auch eine Facebook-Freundin, sitzt. „Danke für die schöne Nacht", schreibt der Typ im Pinnwandeintrag 1. Pinnwandeintrag 2: „Ja Schatz, war super", beschreibt sie die nächtliche Aktivität. Ein Vorteil, dass gleich alle Freunde Bescheid wissen …

Die ersten Folgen
Hannes erkennt den Nutzen. Als wieder einmal die Vorbereitung für ein Meeting zäh ist, weil ihm die Ideen fehlen, kann er das mitteilen. Zusammen leidet es sich einfacher. Auf der Pinnwand von Facebook teilt er seinen unterdessen 237 Freunden mit: „Sch…-Meeting. Ich komm nicht weiter. Die wollen hier immer alles genau haben, um es dann doch zu zerreden. Da fällt einem ja nichts dazu ein. Langweilig!" Interaktiv schalten

für „Kommentar abgeben" oder „Gefällt mir" anzuklicken. Kurz darauf sieht er das Resultat: 16 seiner 237 friends finden es gut, dass ihm nichts einfällt. Dazu der Kommentar seines Chefs: „Ich werde mir was überlegen, dass Ihnen nie mehr langweilig ist!"
Hoppla! Jetzt hat Hannes ein Problem. Der Chef ist einer seiner 237 Freunde. Kurz bevor er der Facebook-Gruppe „Kann-mir-jemand-sagen-warum-alle-Chefs-doof-sind" beitritt, durchzuckt ihn ein Gedanke: „Was, wenn auch meine Mitarbeiter in dieser Gruppe sind?"

Die erste neue Software
Hannes begreift, dass Soziale Medien begriffen werden müssen. Wer sieht, was er schreibt, und warum erhält er alle von ihm verfassten Twitter-Infos selbst, aber nie jemand anders? Die IT muss her. Sie soll eine kleine Applikation entwickeln, mit der man Einträge in allen Sozialen Medien verwalten kann. Nur ein einziges Tool für alle Plattformen! SOMEKO (Soziale-Medien-Koordination)-Software. Freunde soll man nicht nur haben, sondern sie auch verwalten können. Das Weltbild von Hannes gerät allmählich wieder in geordnete Bahnen.
Das feiert er für sich ganz persönlich in der Betriebskantine bei einer Tasse Kaffee. Bis er merkt, dass ein Mitarbeiter davon einen 40-Sekunden-Film macht und diesen bereits auf YouTube gestellt hat, als er wieder im Büro ist. Nobody is perfect ...

Jede Kommunikationsform hat ihre Chancen, Gefahren, Stärken, Schwächen. Auch die Sozialen Medien haben zweifellos ihre Stärken und Chancen. Sie erreichen sehr schnell sehr viele Menschen, können Menschen mit einbinden und aus einer Betroffenheit eine Beteiligung machen. Das ist etwas sehr Wertvolles. Ein Leser ist nicht mehr zum passiven Lesen gezwungen, sondern wird sofort zum Gesprächspartner. Die Verbreitung einer Nachricht ist nicht mehr von unzuverlässigen und/oder teuren Faktoren abhängig, sondern geschieht unmittelbar, direkt und praktisch kostenlos.

Auf der anderen Seite kann dieses Tempo, diese Direktheit auch Stress auslösen. Wer schnell Vieles erfährt, muss auch schnell reagieren, ob er jetzt Zeit hat oder nicht. Wer nicht in diesem Rennen dabei ist, ist gar nicht dabei. Oder: Wer nicht auf Facebook ist, läuft Gefahr, für gewisse Zielgruppen schlichtweg nicht zu existieren.

Dazu kommt, das Netz vergisst nie. Was mal drin ist, ist drin und kann im schlimmsten Fall auch dorthin verbreitet werden, wo ich es als Absender nie haben wollte. Das hat schon manchem den Job oder ein politisches Amt gekostet. Vorsicht ist hier das Gebot der Stunde!

! Learnings

Wer heute von „Alltagskommunikation" spricht, muss auf jeden Fall die Sozialen Medien in die Überlegungen mit einbeziehen. Es sind nicht einfach Ersatzmedien (E-Mail statt Brief), sondern es entsteht eine völlig neue Kultur der Kommunikation, gerade im Alltag. Wenn Menschen durchschnittlich alle 10–20 Minuten in Facebook nach Postings und Nachrichten schauen, sie 5mal pro Tag der Welt zeigen, was sie gerade sehr Alltägliches tun, hat das eine Bedeutung. Es entsteht hier etwas Neues und es ist gut, darüber nachzudenken, wie gerade auch der Alltag im Geschäftsleben durch diese Sozialen Medien geprägt wird. Fragen wie „Wie wird kommuniziert?", „Was wird kommuniziert?" erhalten neue Antworten. Stellen Sie sich nach Beobachtungen diese Fragen durchaus auch einmal selber.

2 Die Alltagssprache – eine Analyse

Was macht die Sprache zur Sprache? Und welche Rolle spielen Stimme, Sprache, Mimik und mehr, wenn wir im Alltag miteinander kommunizieren?

2.1 Die vier Seiten einer Botschaft

Wir Menschen verstehen nicht immer das, was der andere ausdrücken will, weil in ein und derselben Nachricht mehrere Botschaften stecken. Schulz von Thun[11], einer der bekanntesten Kommunikationswissenschaftler Deutschlands, entwarf das Kommunikationsquadrat[12], das auch 4-Ohren-Modell genannt wird, als eine Weiterentwicklung des Eisberg-Modells[13].

Kommunikationsquadrat

Sachinhalt

Selbst-kund-gabe — Äußerung — Appell

Sender mit vier Schnäbeln

Beziehungshinweis

Empfänger mit vier Ohren

Das 4-Ohren-Modell, Quelle: www.schulz-von-thun.de/

---

[11] http://www.schulz-von-thun.de

[12] http://www.schulz-von-thun.de/index.php?article_id=71

[13] Das Eisberg-Modell von Siegmund Freud geht davon aus, dass eine Botschaft zweigeteilt wahrgenommen wird: 20 % (die Spitze des Eisbergs) beinhalten klare Fakten, die auf der Informationsebene wahrgenommen werden, 80 % (der Teil des Eisberges unter Wasser) sind Stimmungen und Gefühle, die auf der Beziehungsebene wahrgenommen werden.

Sagt beispielsweise jemand zu Ihnen „Sind Sie noch im Kindergarten?", können Sie diese Frage/Nachricht — analysiert nach dem Kommunikations-quadrat — auf unterschiedliche Weise wahrnehmen:

1. als sachliche Frage (nach einer Information)
2. als Selbstoffenbarung
3. als Darlegung der Beziehung
4. als Appell

Würden Sie sich nur auf den Sachinhalt konzentrieren, würden Sie antworten:

1. Nein!

Aber es schwingt natürlich noch viel mehr bei dieser Frage mit:

2. der Ärger Ihres Gesprächspartners (deshalb Selbstoffenbarung)
3. der Beziehungsstatus, den Ihr Gesprächspartner darlegt („Ich halte Sie für nicht kompetent genug!")

und schließlich:

4. das, was Ihr Gesprächspartner bewirken will, beispielsweise: „Kann ich bitte mit jemandem sprechen, der kompetent ist!"

Eine Kommunikation gelingt umso besser, je besser beide Gesprächspartner in dieses Modell eingebunden sind. Nicht immer ist dem Sprechenden bewusst, welche Seiten er anspricht, weil er — je nachdem wie lange er sein Gegenüber bereits kennt — nicht wissen kann, auf welchem Ohr die Nachricht gerade wahrgenommen wird. Die „vier Seiten einer Nachricht" existieren also sowohl beim Sprechenden als auch beim Zuhörer und machen unsere Kommunikation im Alltag deshalb spannend und spannungsreich zugleich.

Vorsicht sollten Sie in jedem Fall bei Ironie oder Doppeldeutigkeiten wal-ten lassen. Nicht jeder versteht solche Anspielungen, sodass schnell Miss-verständnisse entstehen können. Kennen Sie Ihren Gesprächspartner noch nicht lange, betonen Sie in jedem Fall den Hauptaspekt deutlich, der Ihnen am wichtigsten ist. Umgekehrt können Sie sich als Zuhörer versichern, dass Sie alles nicht nur richtig gehört, sondern auch richtig (= im Sinne des Spre-chenden) verstanden haben, indem Sie das Gesagte wiederholen und Ihre Einschätzung darlegen.

2.2   Stimme, Sprache, Mimik und mehr …

Ein Gesichtsausdruck, eine Körperhaltung, eine hochgezogene Augenbraue — wir können noch so viel sagen, doch manchmal spricht das, was wir nicht mit Worten ausdrücken, um vieles deutlicher. Trotzdem ist und bleibt natürlich unsere Stimme ein entscheidendes Merkmal für die Kommunikation. Ob Sänger oder Rundfunkmoderator — alle, die ihre Stimme professionell einsetzen, widmen dieser Kraft der Stimme viel Zeit, arbeiten an Tonlagen, an der Atemtechnik und an der abwechslungsreichen Ausdrucksfähigkeit. Auch uns würde es manchmal guttun, im Alltag mehr darauf zu achten, wie wir tatsächlich rüberkommen. Wie unsere Stimme wirkt, wie deutlich unsere (Aus-) Sprache ist und nicht zuletzt, wie unsere Mimik und Körpersprache all das unterstreicht, was wir eigentlich sagen wollen.

2.2.1   Der Weg zu einer guten Stimme

Eine sympathische Stimme ist ein guter Anfang, daran wird niemand zweifeln. Schließlich trägt diese alles, was wir so von uns geben, ans Ohr unserer Gesprächspartner. Unsere Stimme macht uns ein Stück weit zu dem, der wir sind. Sie macht uns zum Menschen, zur Persönlichkeit. Doch auch wenn jeder von uns mit seiner ganz speziellen Stimme ausgestattet ist, macht es auch das Wissen um den Einsatz der eigenen Stimme aus, ob wir erfolgreich kommunizieren oder unser Gegenüber eher weniger erreichen, wenn nicht sogar abschrecken. Eine Rolle spielen dabei unsere Stärken und Schwächen bzw. wie wir diese selbst wahrnehmen. Mit unserer Persönlichkeit, der Wirkung unserer Stimme tragen wir am effektivsten zu einer interessanten Alltagskommunikation bei. Der US-amerikanische Psychologe und Professor Albert Mehrabian[14] hat aufgrund zweier Studien die 7/38/55-Regel aufgestellt. Sie besagt, dass nur 7 Prozent der Ausstrahlung eines Menschen davon abhängen, was er sagt. 38 Prozent verdankt er dem Klang seiner Stimme und 55 Prozent entfallen auf seine Körpersprache und seinen äußeren Auftritt. Die Kunst, im Alltag Menschen zu begeistern oder zu überzeugen, hängt demzufolge primär vom Klang der Stimme, der sprachlichen Präzision und von seinem sicheren Auftreten ab.

---

[14]   http://www.kaaj.com/psych/

Nicht umsonst hat „Stimme" den gleichen Wortstamm wie „Stimmung". Dies zeigt, wie nahe sich Stimmung und Stimme sind. Neben den eigentlichen Worten und der Akustik sind es die leisen Zwischentöne, die es uns erlauben, die Stimmung unseres Gegenübers zu erspüren. Oft löst diese Stimmung Sympathie oder Unbehagen aus. Eine gute Stimme ist einerseits ein Stück weit gegeben, andererseits ist sie aber auch das Resultat der Qualität unseres Sprechens und unserer Atmung. Das bedeutet, dass wir unsere Stimme/ Stimmlage nicht als Schicksal annehmen müssen, sondern sehr wohl an der Qualität unserer Alltagsstimme arbeiten können. Um die Wirkung der Stimme zu optimieren, bieten sich verschiedene Möglichkeiten an[15]:

1. Körperhaltung

Die Körperhaltung beeinflusst unsere innere Haltung, die wir unserem Gesprächspartner gegenüber haben. Oder um mit Marc Aurel zu sprechen: „Mit der Zeit nimmt die Seele die Farben deiner Gedanken an." — Wie denken Sie? Bunt oder grau?

2. Tonhöhe und Stimmlage

In Stresssituationen neigen die meisten Menschen dazu, hoch und unnatürlich zu sprechen. Je höher die Stimme, desto gestresster und nervöser wirkt sie auf unser Gegenüber und damit auch wir selber. Eine tiefere Stimmlage wird in der Regel als angenehmer empfunden. Ausgeprägte Sprechmodulationen, d.h. Varianten in der Tonlage, entscheiden mit, wie kompetent der Gesprächspartner uns einschätzt. Wirkungspausen unterstützen diesen Prozess.

3. Rhythmus

Der Sprechrhythmus wird durch Betonung und Sprechpausen lebendig. Obwohl wir Pausen brauchen, um das Gehörte zu verarbeiten, neigen die meisten Menschen dazu, zu schnell zu sprechen. Pausen gliedern Informationen in sinnvolle Zusammenhänge. Sie geben unserem Gesprächspartner die Möglichkeit zu reagieren. Zu lange Pausen erwecken den Eindruck von Unsicherheit. Die große Kunst besteht darin, die richtige Balance zu finden: Reden und Schweigen sind Schwestern und wirken zusammen besser als alleine.

---

[15] BestCaller. Kevin allein am Telefon, Stefan Häseli/Werner Berger, Verlag Zürich A & O, 2004.

4. Tempo

Ein variierendes Sprechtempo und ein dynamischer Sprechrhythmus signalisieren einen wachen Geist. Unser Gesprächspartner ermüdet weniger. Durch die lebendige Abwechslung kommt keine Langeweile auf. Das Sprechtempo trägt wesentlich zur Verständlichkeit des Inhaltes bei. Dialekte, die langsam gesprochen werden, sind besser verständlich als schnell gesprochene Dialekte. Speziell dann, wenn der Gesprächspartner eine andere Muttersprache hat, können Missverständnisse durch ein angepasstes Gesprächstempo vermieden werden. Ein zu langsames Sprechen wiederum wird leicht als fehlendes Engagement, zu wenig Sachkompetenz oder als fehlende Glaubwürdigkeit interpretiert.

5. Melodie

Die Melodie des Gesprochenen unterstreicht unsere Stimmung, spiegelt unsere Emotionen und unser psychisches Befinden wider. Hören Sie ab und zu Ihre eigene Stimme an und überlegen Sie, ob Sie sich selbst gerne zuhören würden.

6. Artikulation

Eine gute Artikulation stellt sicher, dass Silben, vor allem Endsilben, vollständig ausgesprochen werden. Auch das nimmt Geschwindigkeit aus dem Gespräch und gibt dem Zuhörer die Chance, besser folgen zu können. Aber dazu im nächsten Abschnitt mehr.

2.2.2 Zentraler Aspekt Atmung

Die Stimme bzw. deren Ausdruck ist stark verknüpft mit unserer Atmung. Je tiefer die Atmung, je mehr Luftaustausch im Bauch stattfindet, desto besser. Die Stimme wirkt dadurch kompetenter. Um nicht außer Atem zu kommen, ist es hilfreich, in kurzen Sätzen zu sprechen. Außerdem wirkt es auch auf Ihr Gegenüber ausgeglichener und ruhiger, wenn Sie genügend Luft haben. Das vermittelt Sicherheit. Regelmäßiges Üben hilft dabei, den Körper auf eine tiefe Bauchatmung zu programmieren — dann lässt sich diese auch einhalten, wenn in Alltagssituationen das Gespräch doch einmal anspruchsvoller und emotionaler wird.

Beobachten Sie Ihre Atmung: Sobald diese schneller und flacher wird, sorgen Sie bewusst dafür, dass Sie gut und tief durch den Bauch atmen. Atmen Sie dabei grundsätzlich über die Nase ein und aus. Der Widerstand der Nase verlangsamt die Atmung. Dadurch nimmt das Blut mehr Sauerstoff auf. Legen Sie besonderes Augenmerk auf Ihre Ausatmung. Sie muss etwas verlängert sein. Tiefes, langsames Ausatmen entspannt und lockert. Atmen Sie rhythmisch. Einatmen — ausatmen und eine kurze Pause. Folgende Atemübungen helfen, die Atmung zu verbessern:

Bauchatmung

Bei der Bauchatmung dient das Zwerchfell als Hilfsmuskel. Legen Sie sich auf den Rücken und entspannen Sie sich. Konzentrieren Sie sich darauf, die Luft beim Einatmen durch die Nase tief einzuziehen und bis in den Bauch zu atmen (beim tiefen Einatmen aber nicht verkrampfen, die Luft muss nicht bis in die Füße gehen). Atmen Sie nach einer kurzen Pause langsam durch den Mund aus. Der Bauch sollte sich also beim Einatmen heben und beim Ausatmen senken. Wenn das nicht von Anfang an klappt, können Sie die Hebung und Senkung des Bauches vortäuschen. Nach einiger Zeit sollte sie sich automatisch und tatsächlich abhängig von der Atmung einstellen. Um sich besser auf die Bewegung des Bauches konzentrieren zu können, hilft es, ein Buch auf den Bauch zu legen, das die Bewegung deutlicher anzeigt.

Brustkorb dehnen

Stellen Sie sich aufrecht hin, die Beine etwa schulterbreit auseinandergestellt. Lassen Sie die Arme locker seitlich am Körper hängen. Atmen Sie langsam und tief ein und heben dabei Ihre Arme in einem großen Bogen über den Kopf, bis sich die Handflächen berühren. Atmen Sie nun langsam aus und lassen Sie die Arme dabei wieder in die Ausgangsposition sinken. Wiederholen Sie diese Übung drei- bis fünfmal.

Zwerchfell lösen

Sie können diese Übung im Stehen, Sitzen und Liegen ausführen. Legen Sie Ihre Hände oberhalb des Nabels locker übereinander. Lassen Sie Ihren Atem frei fließen und spüren Sie Ihren Atembewegungen ein bis zwei Minuten ganz entspannt nach, ohne bewusst ein- und auszuatmen. Atmen Sie dann mit einem sanften „P" aus. Steigern Sie die Stärke des „P"-Lautes beim Ausatmen schrittweise mit kleinen Zwischenpausen und spüren Sie, wie sich Ihr Zwerchfell löst und Ihre Bauchatmung vertieft. Diese Übung löst Verspannungen des Zwerchfells, der Rippen- und der oberen Bauchmuskulatur.

Bauchmuskeln entspannen

Wiederholen Sie die Übung „Zwerchfell lösen", indem Sie Ihre Hände unterhalb des Nabels übereinanderlegen und nun auf „sch" ausatmen. Beginnen Sie mit einem sanften langen „sch" und wechseln dann zu einigen kurzen, kräftigeren „sch"-Lauten. Diese Übung vertieft die Atmung im Bauchraum und löst Muskelverspannungen bis tief ins Becken.

2.2.3 Von der ausdrucksstarken Artikulation zur Sprache

Für eine gekonnte Alltagskommunikation braucht es zum richtigen Zeitpunkt die richtigen Worte am richtigen Platz. Schon bei der hoffentlich freundlichen und sympathisch wirkenden Begrüßung erfährt unser Gesprächspartner einiges über uns und unsere Einstellung ihm gegenüber. Dabei bedarf es hinsichtlich der Alltagssprache keiner komplizierten Wendungen. Ganz im Gegenteil: Je einfacher, desto besser. Müssen es denn unbedingt immer Fremdwörter sein? Nur um durch unverständliches Fach-Chinesisch klüger zu wirken? Und was gewinnen wir dadurch? Ist es nicht besser, so zu formulieren, dass uns jeder folgen kann — schließlich befinden wir uns meistens im Alltag und eher selten auf einem Fachkongress. Auch kurze Sätze dienen dem verständlichen Miteinander. Die Konzentration in der Alltagskommunikation liegt auf dem Wesentlichen.

Im Verlauf des Gespräches kann der erste sympathische und kompetente Eindruck verstärkt werden. Positive Wörter generieren dabei eine positive Stimmung. Der emotionale Teil wird angesprochen, wenn die Stimme mit den Wörtern übereinstimmt, d. h., dem Gesprächspartner wird meistens schnell bewusst, welche „Position" wir ihm gegenüber einnehmen: abweisend, arrogant, gleichgültig und passiv oder aber rasch handelnd, zuvorkommend und hilfsbereit[16].

! WICHTIG

Positive Wörter	Negative Wörter (möglichst vermeiden)
Name des Gesprächspartners	müssen
Ja	schwierig
Gerne	kompliziert
Gut	unmöglich
Einfach	aber
Schnell	trotzdem
Interessant	leider
Garantiert	Problem
Besonders	Gefahr
Persönlich	hätten sollen
Sicher	Zu spät
Lösung	Fehler
Erfolg	Schwäche

Wenn Sie es schaffen, mehr und mehr positive Wörter in das eigene Vokabular zu integrieren, fällt es auch immer leichter, positive Redewendungen zu gebrauchen. Das ergibt sich mit der Zeit ganz von alleine.

---

[16] BestCaller. Kevin allein am Telefon, Stefan Häseli/Werner Berger, Verlag Zürich A & O, 2004.

! WICHTIG

Positive Redewendungen	Zu vermeidende Redewendungen
Vielen Dank für den Hinweis ...	Auf keinen Fall
Zeit und Geld sparen	Das geht nicht
Im Trend liegen	Das dauert Tage
Das erledige ich gerne für Sie	Das kann ich nicht selbst
Dabei kann ich Ihnen helfen	Weiss ich nicht
Da haben Sie Recht	Ist mir nicht bekannt
Das kann ich gut verstehen	Dazu kann ich nichts sagen
Ich werde das überprüfen	Verstehe ich nicht
Ich freue mich, dass Sie ...	Sie müssen bedenken, dass ...
Da können Sie davon profitieren, dass ...	Das kann ich mir nicht vorstellen
Es trifft demnächst bei Ihnen ein	Dafür bin ich nicht zuständig
Ich bin überzeugt, dass wir eine Lösung finden	Wir haben ein Problem
Gut, dass Sie sich an uns gewendet haben	Da müssen Sie etwas warten
Vielen Dank für Ihre Offenheit	Eigentlich müsste das gehen
Ich habe Ihnen dazu noch eine Idee ...	Ich würde vorschlagen
Ich bedanke mich, dass ...	Vielleicht

Eine gute Artikulation macht ein Gespräch verständlicher. Auch wenn in der Alltagssprache häufig nicht darauf geachtet wird, ist es sinnvoll, Wörter bis zur letzten Silbe vollständig auszusprechen. Besonders leicht werden die „en"- und die „t"-Endungen verschluckt. Dabei ist für eine gute Artikulation meistens die richtige Atmung ausschlaggebend. Wenn Sie Ihre Atmung gut beherrschen — insbesondere die Tiefatmung über das Zwerchfell —, schaffen Sie auch die entscheidende Vorbedingung für eine gute Artikulation: Ihre Stimmbänder müssen locker sein, Ihr Atem ruhig. Erst dann wirkt Ihre Stimme dauerhaft ruhig und angenehm. Bewegen Sie dazu Ihr Werkzeug (Mund) und sprechen Sie mit möglichst wenig Atemaufwand. Arbeiten Sie mit dem Volumen und der guten Bewegung von Mund und Zunge.

2.2.4 Zusatzfaktor Mimik

Unsere Mimik beeinflusst unsere Gefühle. Ein einfaches Experiment verdeutlicht dies: Runzeln Sie bitte einmal Ihre Stirn, ziehen Sie die Mundwinkel nach unten und lassen die Schultern hängen. Spüren Sie schon, wie sich diese Haltung und Mimik negativ auf Ihre Stimmung auswirken? Jetzt nehmen Sie eine aufrechte Haltung ein, entspannen Ihre Stirn und lächeln Ihr Gegenüber an. Wenn Sie alleine sind, können Sie diese Übung auch einmal ganz bewusst vor einem Spiegel machen. Sie können auch Ihre Topfpflanze, Ihre Katze oder Ihren Fernseher anlächeln. Merken Sie, wie Sie sich gleich besser fühlen? Gelöster und besser gelaunt? Diesen Unterschied sieht man Ihnen nicht nur an, man hört ihn auch in Ihrer Stimme.

Unsere Stimmung lässt sich also relativ leicht beeinflussen und austricksen. Wenn Sie glücklich sind und zum Beispiel an ein schönes Erlebnis oder an den nächsten Urlaub denken, werden in Ihrem Körper Botenstoffe ausgeschüttet. Es sind chemische Substanzen, die für die Nachrichtenübertragung in den Nervenbahnen zuständig sind. Diese Botenstoffe geben entsprechende Signale aus dem Gehirn an die Motorik (Ihre Muskeln) weiter, was dazu führt, dass Sie lächeln — manchmal sogar ohne sich dessen bewusst zu sein. „Glücklich zu sein" ist mit dem motorischen Impuls „Lächeln" verknüpft. Diese Verknüpfung funktioniert in beide Richtungen. Wenn Sie also lächeln, wird diese motorische Regung an das Gehirn weitergeleitet und führt dazu, dass dort Glücksstoffe (sogenannte Endorphine) ausgeschüttet werden. Sie fühlen sich also glücklich, wenn Sie lächeln.

Profis in der Alltagskommunikation nutzen dies, indem sie eine offene Körperhaltung einnehmen und lächeln, bevor sie ein Gespräch beginnen. Ihr Gegenüber wird die positive Haltung wahrnehmen — und Sie selbst fühlen sich viel besser und entspannter.

Dreiheit Körper, Seele, Geist — das ist der Mensch, das bist du!

In keiner Interaktion der Alltagskommunikation, also einem aufeinander bezogenen Handeln zweier Personen, lässt sich diese „Dreiheit", die ein Ganzes bildet, trennen. Wer das versucht, der wirkt auf seinen Partner unglaubwürdig, nicht authentisch. Daher sollten Sie vor jeder Begegnung mit einem Menschen dafür sorgen, mit sich selbst ins Reine zu kommen. Körper, Seele und Geist müssen in positivem Einklang stehen. Die innere Haltung wirkt als „geäußerte" Haltung auf das Gegenüber. Positiv oder negativ, glaubwürdig oder unglaubwürdig — Sie haben dies selbst in der Hand. Nochmals: 100 Prozent authentisch zu sein, heißt Deckungsgleichheit zwischen innerer und geäußerter Haltung zu erreichen. Innen = Geist und Seele. Außen = Körper.

2.2.5 Aktives Zuhören

„Einer der Gründe, warum man in der Konversation so selten verständige und angenehme Partner findet, ist, dass es kaum jemanden gibt, der nicht lieber an das dächte, was er sagen will, als genau auf das zu antworten, was man zu ihm sagt. Die Kunst, gut zuzuhören und treffend zu antworten, ist die allerhöchste, die man im Gespräch zeigen kann", so der zeitweise politisch aktive französische Adlige und Militär Francois de la Rochefoucauld (1613–1680), der jedoch vor allem als Literat in die Geschichte eingegangen ist. Eine zugleich einfache und geniale Erkenntnis, vor allem aber immer noch eine gültige Aussage zum Thema Zuhören.

„Ja, miteinander zu reden ist schwierig. Nicht nur, weil wir Mühe haben, das zu sagen, was wir meinen, sondern auch deshalb, weil wir nur miteinander reden und nicht aufeinander hören. Das Hören wird zu oft vernachlässigt. Um sich diese Kunst anzueignen, braucht es immer wieder Achtsamkeit und Disziplin. Zuhören heisst, sich in den Partner hineinzuversetzen, ihm die volle Aufmerksamkeit zu schenken und dabei nicht nur auf den Inhalt, sondern auch auf die stimmlichen Zwischentöne zu achten. Nun kommt wieder die Stimme zum Tragen. Wir Menschen haben alle einen sehr guten Sensor, der uns das Gefühl für Stimme und Stimmung gibt. Gut zuzuhören heißt auch, durch die eigene Haltung und Reaktion dem Gesprächspartner mitzuteilen, dass es im Moment nichts Wichtigeres gibt als ihn."[17] Dies erreicht man, indem man immer wieder ein Signal von sich gibt, dass man zuhört oder es verstanden hat (z. B. „mhhh", „ja", „das verstehe ich gut") und nichts weiter tut, als mit dem Ohr zu hören, ohne dabei gleichzeitig immer wieder auf sein Smartphone zu blicken.

Von einem bewusst aktiven Zuhören sprechen wir, wenn wir beim Hören versuchen, dem Gesprächspartner unser Interesse und unsere volle Aufmerksamkeit entgegenzubringen sowie uns in den Gesprächspartner einzufühlen. Die Technik „Aktives Zuhören" stammt vom amerikanischen Psychologen Carl. R. Rogers (1902–1987).

Zum aktiven Zuhören gibt es folgende Verhaltensweisen[18]:

1. Die Aussagen mit eigenen Worten wiederholen.
2. Die Gefühle und Emotionen des Gesprächspartners „spiegeln", das heißt Rückfragen stellen wie „Habe ich Sie richtig verstanden, dass die Musik Sie gestört hat?"
3. Nachfragen.
4. Das Gehörte kurz zusammenfassen.
5. Unklares während des Zuhörens klären: „Sie haben gesagt, Sie hätten sofort telefoniert. War das noch am gleichen Tag oder erst später?"
6. Weiterführen, indem man zum Beispiel fragt: „Und jetzt, was ist Ihr Wunsch für eine gute Lösung?"
7. Abwägen: „Was ist schlimmer für Sie, der finanzielle Verlust oder die verlorene Zeit?"

Aktives Zuhören erfordert mehr als ein offenes Ohr; es fordert alle Sinne. Das chinesische Schriftzeichen[19] für „hören" veranschaulicht dies deutlich:

---

[17] Das Telefon SUPER Talent, Stefan Häseli/Christine Meyer, Verlag innoFutura 2012.

[18] http://www.rhetorik.ch/Hoeren/Hoeren.html

[19] http://www.china-park.de/schriftzeichen/ting-1-hoeren/

Das chinesische Schriftzeichen für „hören" beinhaltet neben den einzelnen Symbolen für Ohr (links) und Auge (rechts oben) auch das Herz (rechts unten) sowie die „ungeteilte Aufmerksamkeit" (rechts Mitte).

2.3   Ode auf das „Hä" – oder: „Hä" ist doch gar nicht so schlimm!

Was hat man uns eingetrichtert, in der Erziehung, in Kommunikationsseminaren, in Büchern? „Hä" ist nicht gut — basta! „Hä" zeugt von mangelnder Konzentration, von Ablenkung oder schlichtweg von schlechten Manieren. Deshalb korrigieren wir auch unsere Kinder, wenn sie mit „Hä?" nachfragen, und fordern stattdessen: „Das heißt ‚Wie bitte?'!"

Natürlich ist es jetzt nicht plötzlich so, dass „Hä" jeden Dialog bereichert. Aber wie alles und immer auf der Welt gibt es zwei Seiten und beim „Hä" ist es eine Sache des Maßes und des Kontextes. Am Beispiel eines der simpelsten und kürzesten Wörter, eben dem „Hä", soll gezeigt werden, wie vielschichtig Alltagskommunikation ist.

„Hä" kann zum einen sehr umgangssprachlich für „Wie bitte?" stehen. Das ist in der Tat wohl nicht ein Ausbruch von Sprachstil, hat aber vor allem mit der Betonung zu tun. Ein solch einsilbiges Wort kann so unterschiedlich betont werden, dass es „Ich habe es nicht verstanden", „Das kann doch nicht wahr sein" oder „Das hab ich doch schon immer gewusst" usw. bedeuten mag. Es bleibt, dass „Hä" auch „Ich muss studieren" oder „Ich bin nicht bei der Sache" heißen kann. Das alles macht die Sache nicht einfacher, sondern ist wie eine mathematische Formel: Weniger Worte = mehrere mögliche Interpretationsvarianten pro Wort. Das ist Alltagssprache. Und eben diese ist sehr stark von Betonung und Kontext abhängig, weil sie mit einem geringeren Wortschatz funktioniert.

Im Übrigen ist das nicht nur ein Phänomen der deutschen Sprache. Jede Sprache hat so ein „Hä", das ähnlich klingt, aber im unterschiedlichen Klang und mit unterschiedlicher Betonung auch unterschiedliche Bedeutungen haben kann.

Nicht zuletzt darum kann Alltagssprache vordergründig etwas profaner daherkommen, verlangt aber in der Wahrnehmung mindestens so viel Sensibilität wie in der Stilistik der abgewogenen Worte. „Hä" ist vielleicht nicht das stilvollste Wort und gehört wahrlich nicht in eine Festrede, aber im Alltag hilft es dabei, auf die schnellste Art und Weise auch einmal etwas Komplexeres darzustellen.

Und wenn jetzt der Alltag im Büro betrachtet wird, entdeckt man, wie wirklich alltäglich die Kommunikation im Büro eben ist. Plötzlich werden Diskussionen von Fachspezialisten zu Gesprächen unter Menschen. Eine schöne Beobachtungsaufgabe. Ein „Hä" zeugt auch von Menschlichkeit und etwas weniger hochgeschärfter Business-Kommunikation. Das muss nicht zwingend nur schlecht sein.

3 Praktische Übungen für den Alltag

Kern dieser Übungen ist die Regel für eine erfolgreiche Beziehungs-Kommunikation: „Wenn du ein Problem für den Alltag lösen möchtest, schau, wie es der Alltag normalerweise löst."

Etwas Alltägliches war die Beziehung zwischen Menschen ja schon immer, sonst säßen wir alle nicht hier. Schlagen wir die Brücke zum ureigensten Beziehungsmanagement, als man dazu noch „Liebe" sagte, bevor es „Flirt" hieß, und bevor die Kundenbeziehung im Business mit „Customer-Relationship-Management" benannt wurde.

3.1 Im Alltag besser kommunizieren: Beziehung ist Kommunikation – Kommunikation ist Beziehung

Wer im Alltag besser kommunizieren möchte, kann sich nun anschnallen ... — es geht los mit den Ideen, Tipps und Übungen.

> **! WICHTIG**
>
> Entscheidend wie alles, was im Alltag umsetzbar sein sollte und den Alltag verändern sollte: Nehmen Sie sich nicht vor, sich einmal in der Woche wahnsinnig Mühe zu geben. Nehmen Sie sich besser täglich eine Sache bewusst vor. Dafür zu sorgen, dass es wirklich im Alltag drin ist, heißt, es jeden Tag in einer kleinen, dosierbaren Menge auch umzusetzen. Es sind die kleinen Dinge, die verändern ... Das ist hier auch so.

Der Alltag für den Alltag im Alltag ...

Beziehungsaufbau und -pflege

Kommunikation ist das Schmiermittel Nummer 1 für einen positiven (und natürlich auch negativen) Beziehungsaufbau, zu 80 Prozent ist eine emotional positiv gestaltete Kommunikation für eine gute Beziehung verantwortlich. Wer das nicht glaubt, kann es mit der Umkehrmethode versuchen — ein Selbstversuch, zu dem ich wohlwissentlich nicht rate. Eine funktionierende Beziehung können Sie im Bruchteil von Sekunden mit den „passenden" kommunikativen Maßnahmen zerstören. Sie können dazu noch verschiedene Härtegrade wählen: „Beziehung kurzfristig irritieren" bis „Beziehung unwiderruflich zerstören". Das wieder gerade zu biegen, braucht dann zehnmal mehr kommunikative Fähigkeiten, zumal zu allem Unding dazu noch der Schluss offen und das Vertrauen zerstört ist.

Wer es etwas weniger deftig, aber gleichwohl paradox testen möchte: Geben Sie einfach einmal auf eine Frage keine Antwort, zeigen Sie überhaupt keine Reaktion. „Null-Kommunikation" — und doch haben Sie kommuniziert.

Ein weiterer Beweis, wie recht Watzlawick mit seinem „Man-kann-nicht-nicht-kommunizieren" hatte und wie absolut zentral die Kommunikationsdisziplin ist, um das Rennen um eine gute Beziehung zu gewinnen.

Wie einleitend im Vorwort erwähnt, geht es meist nicht darum, große kommunikative Zeremonien zu inszenieren, selbst wenn das hie und da auch einmal sein muss. Einen Konflikt mit dem Partner zu schlichten, eine Reklamation zu bewältigen, einen unzufriedenen Mitarbeiter wieder auf den Pfad des positiven Denkens zu begleiten, das alles braucht viel Fingerspitzengefühl und Vorbereitung. High-Level, um diese High-Scores zu sprengen.

Hier geht es jedoch um etwas ganz anderes. Sie prägen mit Ihrer Sprache, die Sie ganz natürlich in Ihrem Alltag bei den unzähligen Begegnungen anwenden, Ihre Beziehungen. Pflegen Sie diese, damit sie weniger anfällig für Konflikte sind, denn mit einem funktionierenden Miteinander läuft es im Alltag einfach besser. Eben: Kommunikation als Schmiermittel. Das gilt auch für den Arbeitsplatz — schließlich verbringen Sie mit Ihren Kollegen oftmals mehr Zeit als mit Ihrer Familie.

3.2 Gespräche auf dem Flur

Wann kommen Sie ganz konkret in „Flurgesprächssituationen"? Im Grunde sehr oft, wenn auch meistens unbewusst: seien es Gespräche wirklich auf dem Flur, im Aufzug, in der Betriebskantine, am Arbeitsplatz tagsüber, wenn gerade nichts läuft, in den Pausen, beim Nachhausegehen. Es geht jetzt nicht darum, für eine funktionierende Kommunikation Gesprächsthemen aufzulisten und dann bei den Begegnungen abzurufen. Diese Alltagssituationen zwischendurch leben gerade auch von einer Spontaneität, die Sie als Person wieder greifbarer macht. Versuchen Sie nicht zwanghaft etwas zu spielen, z.B. den Humoristen zu markieren oder auf übertrieben empathisch zu machen, obwohl es weder zur Situation, noch zu Ihnen, noch zum Moment passt.

Der Schlüssel liegt darin, dass Sie — wie noch beschrieben wird — grundsätzlich sehr präsent sind. Dann finden Sie auch sehr viele Impulse, aus denen sich ein spontanes Gespräch entwickeln kann.

> **! WICHTIG**
>
> Hier können Sie viel von Improvisationstheater-Schauspielern lernen. Dort gibt es ein paar ganz spezielle Regeln. Unter anderem: Jede Handlung hat ein Ziel. Jede Handlung ist konkret. Handlungen, die ich beobachte, haben eine Geschichte, die ich nicht kenne.

Egal, was ich tue, ich sollte es mit einem klaren Ziel tun. Je konkreter dieses ist, desto klarer wird es in der Handlung gegen außen sichtbar. Selbst der kleinste Auftritt, zum Beispiel die morgendliche Begrüßung der ganzen Mitarbeiter-Equipe, darf nicht gespielt werden. Auch gute Schauspieler spielen nicht, sie leben. Selbst bei kleinen Routine-Handlungen muss das Ziel klar sein. Mein Auftritt wird dadurch glaubwürdiger und authentischer.

Nehmen wir Handlungen der Mitarbeiter: Auch hier, selbst beim kleinsten Feedback auf die „Guten-Morgen-Runde", sehe ich nur die unmittelbare Handlung. Die Geschichte dahinter kenne ich nicht. Kann sein, dass ich fröhlich „Guten Morgen" sage, doch von meinem Mitarbeiter kommt nicht einmal ein Lächeln zurück. Seine Geschichte könnte sein, dass er wohl vorher etwas erlebt hat, was ihm das „Guten Morgen" eher zynisch erscheinen lässt. Dies kann ich mit einer konkreten Gegenfrage klären, falls es mir wirklich wichtig ist. Ich kann die Handlung aber auch einfach Handlung sein lassen. Auch das Publikum im Theater kennt nicht immer die ganze Geschichte — ein Rest an Fiktion bleibt bestehen.

3.3   Alles nur (Improvisations-)Theater?

Werden Sie sich insbesondere in solch oft banalen Alltagssituationen bewusst, welche Rolle Sie innehaben. Gerade Führungskräfte finden sich heute mehr denn je in unterschiedlichen Spannungsfeldern wieder. Konnte der Chef vor einigen Jahren einfach nur Chef sein und sagen, wo und wie es langgeht, soll die Beziehung zu Mitarbeitenden in der beschrieben Art von Flurgesprächen heute kollegial, nahe und gleichzeitig mit einer gesunden Distanz und einer natürlichen Autorität gelebt werden.

Geht das alles zusammen? Ja, es geht. Es braucht dazu jedoch eine intensive Auseinandersetzung nicht einfach mit der „Chef-Rolle", sondern mit den verschiedensten Rollen einer Führungskraft. Es sind mehrere Hüte im Kasten, aber jeweils nur einer auf dem Kopf. In der Führung können Vorgesetzte zwar Controller, Mitarbeiterbetreuer, Coach und durchsetzungskräftiger Boss sein, aber nicht gleichzeitig im selben Moment. Bei Alltags- und Flurgesprächen sind Vorgesetzte häufig in der Rolle des „Kollegen" oder des „Chefs gerade im Ausstand": wohl Chef, aber gerade nicht „am Chef-sein". Diese Rolle ist einer klassischen Kollegenrolle sehr nah, behält aber noch einen letzten Rest an Distanz.

Das Rollenbewusstsein schärft die Sensibilität für die Situation. Niemand soll spielen, sondern nur die richtige Rolle innehaben und dann kann im Grunde kaum mehr etwas schiefgehen. Wer sich das bewusst macht und darauf vertraut, dass ihm dann schon das Richtige in den Sinn kommt, und der die nötige Sensibilität für ein Gegenüber hat, wird ziemlich sicher reüssieren. Auch hier können Sie von Schauspielern viel lernen — und zwar echt und authentisch. Wirklich gute Schauspieler spielen nicht, sie leben ihre Rolle.

Parallel darf es auch in der Führung und insbesondere in Alltags-Gesprächssituationen nie darum gehen, nur etwas vorzuspielen. Heutzutage ist eine deutliche Rollenidentifikation gefragt. Dabei besteht die Situation, dass mein Gegenüber und meine Verfassung entscheiden, welche Rolle oder welche Ausprägung einer bestimmten Rolle in welchem Moment gelebt wird. Mit der Rollenidentifikation wird die Nähe zum Theaterschaffen wieder offensichtlich. „Die ganze Welt ist eine Bühne, man tritt auf, man tritt ab", schrieb Shakespeare. Und der „Flur" ist in diesem Sinn eine Art Bühne, wenn man so will …. — aber was geschieht im Detail? Der Vergleich zur Theaterarbeit:

1. Akt: Der Schritt auf die Bühne

Die Bühne kann der Gang aus dem Büro heraus in die Betriebskantine sein. Sie verlassen Ihr eigentliches „Führungsgebiet" und sind als Kollege mit anderen Mitarbeitern in der Pause.

Präsenz durch Konzentration. Die Schauspielerei lebt davon. Auf der Bühne kann nur dann glaubwürdig gespielt werden, wenn völlige Bühnenpräsenz da ist. Präsenz bedeutet auch in der Führung: Ich bin NUR HIER. Im Hier und Jetzt. Alles, was gedanklich nicht hierher gehört, wird vertagt — vielleicht auf einem Zettel oder im Handy notiert, in der Aufgabenspalte im Outlook festgehalten oder den Ohren der Sekretärin anvertraut. Diese Konzentration wird gerade im alltäglichen Leben von Mitarbeitern als Ausstrahlung und Präsenz wahrgenommen, Echtheit, Glaubwürdigkeit und Authentizität der Führungskraft zeigt sich im Alltag in den normalen, wiederkehrenden Situationen. Im Alltag wird also die Grundlage für wahre Autorität geschaffen, nicht in den inszenierten und einstudierten Auftritten auf der Betriebsversammlung.

Wichtig ist: Aufgrund der Konzentration auf jeweils nur eine Rolle gestehen erfolgreiche Führungskräfte auch jedem Mitarbeitenden seinen Platz in der Gruppe zu. Gerade in Alltagssituationen, wie z.B. im Aufzug, kann und soll eine Führungskraft auch einmal nicht das letzte Wort haben, auch mal nicht recht haben, auch mal keine Weisungen geben, auch mal nicht im Mittelpunkt stehen. Schließlich möchte doch jeder dem Stück, und sei es noch so bescheiden, seinen Stempel aufdrücken und der Welt zeigen können, dass er seiner Rolle gerecht wird. Dadurch ist Selbstverwirklichung möglich — zum Wohle des Einzelnen und des Ganzen.

! **WICHTIG**

Der Begriff „Jeder ist ersetzbar" ist in einer wertvollen Führungskultur längst aus dem Vokabular gestrichen. Natürlich können unter Umständen eine Aufgabe auch andere übernehmen, aber die individuellen Stärken in der jeweiligen Kombination gibt es genauso kein zweites Mal. Grund genug für jeden Mitarbeiter, sich zu überlegen, was ihn im größeren Gruppengefüge einzigartig macht (USP) und was er mit seiner Art, seinem Wissen und seinem Können zum Wohl des Ganzen beitragen kann. Diese Förderung und Forderung werden nicht in Jahres-Beurteilungsgesprächen eingelöst, sondern im Alltag von Montag bis Freitag.

2. Akt: Dialoge

Auch im Alltag und in Flurgesprächen sollen selbst oberflächliche und inhaltlich vielleicht ganz banale Gespräche durch eine professionelle Haltung geführt werden. Darum gilt hier wie sonst auch: Entscheidend in einem Gespräch ist nicht, was gesendet wird, sondern was ankommt. Aber für den richtigen Empfang braucht es auch einen guten Sender. Bei wirkungsvollen Führungskräften bilden Stimme, Sprache und Körper eine Einheit und damit eine gute Basis für Dialoge.

Da diese immer in einem Kontext stattfinden, ist es wichtig, sofort bei der Begegnung oder am Anfang eines auch kurzen Gesprächs diverse Wahrnehmungen abzugleichen. Nur so lässt sich sicherstellen, dass alle Gesprächspartner vom Gleichen reden und eine gute gemeinsame Ausgangslage geschaffen wird. Ganz entscheidend ist dabei, wahrzunehmen, in welcher Stimmung das Gegenüber ist. Witze mit einem Mitarbeiter, der gerade vom Kunden zusammengestaucht wurde, kommen schlecht an. Ihre eigene Unlust am Wetter passt nicht in eine lachende Runde am Kaffeetisch.

3. Akt: Schlussszene

Der Gang auf die Bühne, die Gespräche darauf und schlussendlich erfolgt gemäß Shakespeares „Das ganze Leben ist eine Bühne, man tritt auf, man spielt, man tritt ab" der Gang von der Bühne. Im Geschäftsalltag, als Führungskraft oder natürlich auch als Kollege findet in der Regel am Ende des Tages auch ein Auseinandergehen statt. Der letzte Eindruck im Alltag ist derjenige, den die anderen mitnehmen. Gestalten Sie ihn ganz bewusst. Gehen Sie nochmals durch die Gänge, seien Sie präsent und verabschieden Sie sich persönlich. Vielleicht platzieren Sie noch ein letztes positives Wort und gönnen sich so den moralischen Applaus. Ihr Gegenüber, Ihre Alltagsgesprächspartner lächeln Sie an und damit ist der letzte Eindruck vom heutigen Tag ein positiver. Das nehmen alle mit nach Hause! Und auch Sie packen das erwiderte Lächeln in den Feierabendkoffer. So beginnt der Start am nächsten Tag auf jeden Fall für alle mit der guten Erinnerung an den letzten Abend. Ob positiv oder negativ — jetzt liegt es an jedem selbst, als Persönlichkeit zu wirken und diesen Eindruck zu gestalten.

3.4 Die sechs Speed-Dating-Regeln

Um Ihre Alltagssprache im Business zu optimieren und bewusster gestalten zu können, finden Sie im Folgenden eine Art Gedankenstütze, wie Sie dies Schritt für Schritt angehen können. Die Überlegung zielt dahin, dass es durchaus Situationen gibt, in denen eine schnelle und spontane Kommunikation bewusst gestaltet werden kann. Daraus abgeleitet finden Sie Hinweise, wo Sie gezielt ansetzen können, sowohl als Führungskraft als auch als Kollege oder Mitarbeiter. Im Grunde sind die Unterschiede heutzutage im Alltag kleiner als in offiziellen Gegebenheiten. Es redet auf dem Flur der Chef eher wie ein Kollege denn wie ein „hohes Tier". Das gilt immer …

Als Basis dienen sogenannte Speed-Datings. Bei diesen soll innerhalb weniger Minuten klar werden, ob das Gegenüber für mich passend ist und ebenfalls soll das Gegenüber unter Umständen auch einen guten Eindruck von mir erhalten. Aus diesem Grund lassen Speed-Dating-Agenturen ihre Kandidaten und Kandidatinnen nicht allein und bereiten diese gezielt darauf vor. Sechs wesentliche Punkte zeigen auf, worauf es ankommt — letztendlich nicht nur beim Speed-Dating, sondern auch in der Alltagskommunikation auf dem Büroflur.

In dem Augenblick, in dem wir nur wenige Minuten Zeit haben und nichts aktiv tun können außer toll zu kommunizieren, sollten wir eine möglichst gute Basis schaffen, um im Anschluss weiter in Kontakt zu bleiben. „Beziehungsaufbau für den Schnell-Dater" könnte man es auch nennen. Im Grunde sind es aber genau diese sechs Säulen, auf die eine beziehungsorientierte, alltäglich gelebte Kommunikation aufgebaut ist.

3.4.1 Locker bleiben

Diese Speed-Dating-Regel besagt, dass ich da „mal so ganz locker" hingehen soll. Der Riegel im Kopf und vor dem geistigen Auge nach dem Motto „Den muss ich haben" oder „Heute treffe ich meinen Märchenprinzen" ist mehr Blockade denn motivierende Zielgröße. Ziele im Leben sind gut, unbestritten. Aber in der Situation selbst gilt es, ans Hier und Jetzt zu denken und nicht ans Ziel. Oder denken Sie, wenn Sie mit dem Auto von A nach B fahren, ständig, aber auch ständig auf der Fahrt: „Nach B muss ich." Das macht niemand. Es ist sehr sinnvoll, bei den Wegkreuzungen oder am Autobahn-Dreieck ans Ziel zu denken. Ansonsten ist Konzentration auf den Verkehr angesagt. Wie im Leben: Denken Sie am Morgen, bevor Sie die erste Abzweigung Richtung Badezimmer nehmen, kurz an Ihr Tagesziel. Dann bei Entscheidungen auch wieder — aber um Himmelswillen nicht ständig und bei jedem Gespräch. Sonst fehlen Sie geistig.

> **! WICHTIG**
>
> Hier darum die Kommunikationsregel: Konzentrieren Sie sich auf das, was gerade *jetzt* geschieht.

Es geht ja nicht um Verhandlungen, dort ist strategisches Vorgehen sinnvoll, es geht um den Alltag. Einfach so, um diese fast „vernachlässigbare" Größe von ca. 85 Prozent aller Gespräche während des Tages.

Vertrauen Sie sich, dass „es" schon richtig kommt. Aber das funktioniert nur, wenn auch die innere Haltung stimmt. Wenn Sie Schlechtes über eine Situation oder ein Gegenüber denken und dann ihrer Intuition vertrauen, kommt es auch so rüber. Also: an der Haltung arbeiten — das ist Lebensphilosophie. Die Dinge wohl positiv-konstruktiv sehen, um sie eben ganz locker auch mal angehen zu können.

Letztens sah ich bei einem Einzelfachhändler, wie unmittelbar in der Nähe des Kundenbereichs eine Säule mit der Aufschrift stand: „Heute haben wir schon XXX des Produktes YYY verkauft. Unser Tagesziel heute MMM." Da war ich mir sicher, dass es der Verkäuferin unmöglich um mich als Person gehen konnte, was man ihr auch angesehen hat. Sie schaute so diffus durch mich hindurch und dachte wohl: „Das ist wieder so ein Kandidat, dem ich YYY verkaufen kann." Dieses Verhalten ist ein „Ablöscher", denn so haben Sie unmöglich eine positive Ausstrahlung. Auf diese kommt es an, und sie erreiche ich nur mit Konzentration, mit Präsenz, mit Freude am Gegenüber.

Hier zeigt sich im Verkauf die Zielmanie. Sie ist gut, aber nimmt zu wenig Rücksicht auf das, was im Grunde menschliches Verhalten ist. Alltagskommunikation nimmt 85 Prozent des Tages ein — das dürfen und können Sie nicht negieren.

3.4.2 Präsent sein

„Hörst du mir überhaupt zu?", „Ich habe den Eindruck, dass du gar nicht so richtig da bist?", „Ich war eben abgelenkt." Kennen Sie das? Auch wenn man Ihnen das vielleicht noch nie direkt gesagt hat, haben Sie diese Sätze wohl schon einmal gehört. Die Präsenz gestaltet die Intensität Ihrer Alltagskommunikation. Unabhängig, ob richtige oder falsche Worte, diese kommen nur dann an, wenn sie in möglichst höchster Präsenz ausgesprochen werden.

Alltägliches läuft Gefahr, „einfach so nebenbei" erledigt zu werden. Auch ein kurzes Gespräch mit dem Chef, der Kollegin, dem Kunden, der Mitarbeiterin wird im besten Fall inhaltsfokussiert geführt. Kurz, knapp, klar — so haben wir es gelernt. Allenfalls noch „Level 2", nämlich „sauber positiv formuliert". Eine Bitte statt eines Befehls, ein Wunsch statt einer Aufforderung usw.

Um die Glaubwürdigkeit im Alltag sicherzustellen, braucht es auch hier die Präsenz. Zwischendurch sich wieder einmal bewusst machen, wo ich eigentlich gerade stehe, was so rund um mich herum geschieht, füllt viele Gedanken. Diese sind es, die der Präsenz dienlich sind und mein gesprochenes Wort in einen „Auftritt" umsetzen, der sitzt.

Die Speed-Dating-Agentur meint dazu, dass nur dann zu punkten ist, wenn das Gegenüber spürt, dass Sie *ausschließlich* da sind — nicht schon bei der nächsten Kandidatin/dem nächsten Kandidaten oder über das letzte Gespräch nachdenken. Hier werden Sie spürbar, man kann das auch Ausstrahlung nennen. Bei Dating-Shows ist sie übrigens das Auswahlkriterium Nummer 1: „Er/Sie hatte Ausstrahlung", Rang 2 „Er/Sie hatte die spontansten Antworten". Beides hängt zusammen. Ausstrahlung ist das Produkt der Präsenz, die spontanen Antworten gibt es nur, wenn Sie präsent sind.

! **WICHTIG**

Gehen Sie auch so in Ihre Alltagsdialoge. Keine vorgetexteten Sätze, sondern ein Bekenntnis zur Präsenz. Geht schneller, braucht weniger Vorbereitung, verlangt aber im Endeffekt mehr Vertrauen zu sich selbst.

Selbstvertrauen prägt wiederum Ihren Auftritt auch im Kleinen. Selbstvertrauen hat nichts mit Überheblichkeit zu tun. Es ist das Vertrauen in sich, zu wissen, dass ich mit Talenten und Fähigkeiten so gut ausgestattet bin, dass ich das Richtige zur richtigen Zeit tue. Aber das bedingt, dass ich diesem Unterbewussten die Chance geben kann, sich zu outen. Das wiederum funktioniert nur mit Präsenz. Der Kreis schließt sich. Es handelt sich um eine Schlüsseldisziplin.

Selbst in kleinen Aussagen spürt man die wahren Gedanken. Hören Sie nur auf die Betonung.

▶ **BEISPIEL**

Wenn mich am Postschalter eine Mitarbeiterin auf ein Zusatzprodukt anspricht, „Brauchen Sie noch ein neues Mobile-Telefon?", ist das weder ein besonders kreativer, noch ein völlig falscher Satz. Er ist einfach mal da. Lesen Sie den Satz mit der Betonung auf *„Mobile-Telefon"*. Die Gedanken der Fragenden liegen beim Telefon. Lesen Sie denselben Satz nochmals mit der Betonung auf *„Sie"*. Neues Gefühl, neue Aussage. Es zeugt davon, dass die Mitarbeiterin nicht ans Telefon, sondern an mich gedacht hat. Ein völlig banaler, nicht einmal besonders guter Satz erhält eine persönliche Komponente, weil er präsent daherkommt. Jetzt können Sie weiter an Ihren Worten arbeiten.

3.4.3 Offen sein

Dass Vorurteile einschränken, ist hinlänglich bekannt. Sie treffen beim Dating ein Gegenüber, das Sie optisch an eine verflossene Liebe erinnert. Jetzt geht's entweder negativ oder positiv weiter. Egal was war, es prägt. Einfacher gesagt als getan: Geben Sie dem Gegenüber eine Chance, genau nicht so zu sein, wie Sie es erwarten. Achten Sie auf Unterschiede oder suchen Sie Dinge, die neu, interessant bzw. spannend sind. Im Alltag hören Sie sofort, ob beim Gegenüber bereits ein Vor-Urteil gefällt wurde.

▶ **BEISPIEL**

Wenn Sie von einer Polizei-Patrouille angehalten und mit der Frage konfrontiert werden, „Wissen Sie, warum wir Sie angehalten haben", ist Ihnen sofort bewusst, dass diese Frage unmöglich ernst gemeint sein kann.

Es muss ja einen Grund haben, warum die Polizeistreife Sie angehalten hat. Das ist beileibe keine positive Alltagskommunikation. Wenn Sie etwas wissen möchten, dann stellen Sie eine Frage. Wenn Sie etwas sagen möchten, dann sagen Sie es. Bei diesem Beispiel liegt genau diese Diskrepanz vor. „Haben Sie Schulterschmerzen?", lautete die Frage an einer weiteren Polizeikontrolle. Es interessierte den Polizeibeamten wahrlich nicht, mit welchen Schmerzen der Verkehrsteilnehmer fuhr, sondern er wollte ihm lediglich mitteilen, dass er den Sicherheitsgurt nicht trage und dass dies ein Bußgeld kostet.

Gleiches gilt für Führungsgespräche: „Geht's dir nicht gut, hast du privat Probleme?" Entweder interessiert es mich wirklich oder ich deklariere es offen als Interpretation: „Ich habe die Vermutung, dass privat etwas nicht stimmt, liege ich da richtig oder falsch?"

Wohl jeder hat das schon einmal erlebt. Als Gast in einem Restaurant auf dem Land tritt man in die Gaststube, zehn Gäste sind da — und zwanzig Augen richten sich sofort auf Sie, mit der nicht ausgesprochenen Aussage: „Ah — ein Fremder." Sie werden von diesen zwanzig Augen verfolgt, wohin Sie sich setzen, was Sie essen, wie Sie reden usw. Offenheit fühlt sich anders an. Vielleicht ein freundliches Gesicht, einen „Guten Tag" wünschen und dann dem anderen, dem „Fremden", überlassen, wie er sich hier zeigen will. Das ist Offenheit im Alltag. Dem Anderen auch eine Chance zu geben, anders zu sein.

▶ **BEISPIEL**

Eine Begebenheit auf dem Postamt. Ich lege eine Sendung auf den Schaltertisch mit den Worten: „Ich würde das gerne als Eilsendung versenden — kommt das heute Abend noch an?" Die Antwort: „Weiß nicht, ob das noch geht. Müsst mal nachfragen, auf jeden Fall kostet's dann noch Zuschlag." Die Freude und die Offenheit, mir dieses Produkt zu verkaufen, fehlen.

Stellen Sie sich eine spätere Stunde beim Date vor. Die Frage „Darf ich noch zu dir hochkommen?" — die Antwort „Weiß nicht, ob das noch geht. Müsst' mal nachfragen, auf jeden Fall kostet's dann noch Zuschlag. Nun gut, das gibt nie was …

3.4.4 Sich interessieren

So banal wie einfach und doppelt schwer: Zuhören ist eine Königsdisziplin in der Kommunikation. Gerade und erst recht im Alltag! Ein Beispiel gefällig?

> ▶ **BEISPIEL**
>
> Waren Sie schon einmal auf einer Safari? Es ist in der Regel für die meisten Menschen ein ziemlich einmaliges Ereignis. Insbesondere diejenigen, die das erste Mal dabei sind, erleben die Ausflüge, so organisiert und inszeniert sie vielleicht auch sind, doch sehr eindrücklich. Vieles, was man aus Filmen oder von Bildern kennt, erlebt man jetzt plötzlich live. Es keimt ein Gefühl von WOW auf, wenn sich ein Leopard dem Jeep nähert, das dann aber auch einer Angst weichen kann, wenn er zu lange das Camp beäugt. Emotionen pur!
>
> Das Spannende an Gruppen-Safaris ist, dass man sich in Kleingruppen auf einzelne Fahrzeuge und Routen aufteilt und sich dann am Abend im Camp wiederfindet. Dort erzählt natürlich jeder, wie es ihm ergangen ist. Die eigene Geschichte hat Vorrang: Da kam der Löwe immer noch etwas näher an das Fahrzeug als bei der anderen Gruppe. Die Eingeborenen schauten noch bedrohlicher als bei denjenigen, die eben von ihren Erlebnissen berichtet haben. Nach einer Erzählung folgt oft ein „Ach ja, weißt du, bei uns, da war es …" und dann kommt ein noch größeres Unwetter, noch tieferer Schlamm.

Im Grund geht es nur darum, die eigene Story loszuwerden. Das Interesse am anderen … na ja … ist, mit Verlaub gesagt, oft bescheiden. Safari mag vielleicht nicht immer Alltag sein, aber ein ähnliches Verhalten zeigt sich beispielsweise oft auch dann, wenn Konsumenten über negative Erlebnisse mit Anbietern von irgendwelchen Dienstleistungen reden (jeder hat etwas noch Schlechteres erlebt) oder wenn Mütter/Väter über ihre kleinen Kinder und deren entsprechende Entwicklungsschritte reden. Jeder interessiert sich in erster Linie ja dafür, dem anderen zu zeigen, was er/sie für ein weit(er) entwickeltes Kind hat. Aber im Ernst: Sich tatsächlich und aufmerksam für den anderen zu interessieren — sieht/hört man sehr selten.

Zur Erinnerung: Interessieren wir uns wirklich für das Gegenüber, werden wir reicher! Und wenn zwei reden, heißt das noch nicht, dass es ein Dialog ist.

Sehr häufig sind es sogenannte Doppelmonologe — beide erzählen abwechselnd ihre Geschichte.

Auch der sprachliche Ausdruck spiegelt nicht mehr und nicht weniger als die innere Haltung wider. Wenn Ärzte untereinander vom „Blinddarm im 31" sprechen, kann das von außen durchaus so wahrgenommen werden, als dass sie sich mehr um die Krankheit und weniger um den Patienten kümmern würden. Interesse am Gegenüber heißt, sich auch für seinen Sprachgebrauch zu interessieren. Bei einem Date schafft dies überhaupt die Chance, dass ich verstanden werde. Im Alltag auch.

3.4.5 Lächle und sei freundlich

Stellen Sie sich vor, das Gespräch am Dating-Tisch beginnt mit den Worten: „Hallo, ich bin Peter. Ich hatte eine schwere Jugend, im Moment habe ich kein Geld und mein Chef macht mich kaputt. Abgesehen davon finde ich die politischen Verhältnisse in unserem Land furchtbar." Ja, Ehrlichkeit in Ehren … — aber Blumen gewinnen Sie so keine. Das ist keine Aufforderung zum durchgequälten und abgelutschten „Think-positive-die-Welt-ist-eine-rosa-Blume", sondern die klare Botschaft lautet: Ohne innere positive Haltung sind Sie weder beim Date, noch im Alltag wirklich erfolgreich — und das mit dem positiv und gewinnend Kommunizieren schaffen Sie grad auch nicht.

! WICHTIG

Suchen Sie das Positive. Freuen Sie sich des Lebens. Nutzen Sie positive Worte im Gespräch, beim persönlichen oder beim Kunden. „Ich bin gerne bis um 16.00 Uhr für Sie da" ist inhaltlich gleich, aber eben doch ganz anders als „Ich bin dann ab 16.00 Uhr weg". „Hier müssen Sie noch unterschreiben" bringt Sie nicht weiter als ein charmantes „Könnten Sie mir hier noch unterschreiben?" Wenn Sie dann noch verinnerlichen, dass „Rot geht nicht" abweisender klingt als „Blau hätten wir, rot leider nicht", sind Sie auf einem guten Weg.

Zugegeben, kleine Details. Aber in der Summe macht Kleinvieh auch Mist und das Leben besteht im Grund aus vielen Details. Hier haben Sie die Möglichkeit anzusetzen. Nicht die großen Würfe, die Details sind entscheidend für den Alltag. Was Sie im Rahmen dieser 24 Stunden, die 365-mal im Jahr stattfinden, anwenden, ist Teil Ihres Lebensstils. Charakter ist die Summe aller wahrgenommenen Eigenschaften, die Sie im Alltag leben.

„Freundlich" ist eine ursprüngliche Ableitung von *„freihals"* und von *„freien"*, dem Wort für *„nahe bei"*. Freundlichkeit ist eine Art Nähe, die dem anderen aber auch Raum lässt. Das Abwägen von Nähe und Distanz liegt der Freundlichkeit zugrunde wie das körpersprachliche Attribut *„freihals"*: Wer den Hals offen zeigt, zeigt sich vertraut und fürchtet keinen Angriff. Das zeigt uns den Weg zur inneren Haltung der Freundlichkeit. Zu spüren, wo Nähe und wo Distanz liegt, Vertrauen in den anderen zu haben. Positive Verhaltensweisen einer freundlichen Person werden durch Lob und Zuwendung verstärkt. Der Kreislauf kann wieder von vorne beginnen. Ehrliches Lob und Zuwendung erfreuen im Grund jeden Menschen, sodass es ihm wiederum leichter fällt, freundlich und vertrauensvoll zu sein.

Nun muss das natürlich nicht immer das gesprochene Wort sein. Die Lehre von Nähe und Distanz zeigt uns, dass auch Schweigen freundlich sein kann. Schweigen kann Raum für Gedanken, für Entspannung geben. Insbesondere dann, wenn die Erwartung dahingehend gesteuert wird. Ein Friseursalon in einer größeren Stadt wirbt mit dem Slogan: „Hier können Sie sich beim Haareschneiden-lassen entspannen – die Ruhe und die spezielle Atmosphäre genießen." Das passt! Entspannen, Ruhe genießen. Aber – auch wenn es freundlich gemeint ist – wenn die Coiffeuse bereits nach drei Minuten die üblichen „Friseurfragen" zu stellen beginnt („Hast du heute frei?", „Gehst du heuer auch in den Urlaub?" usw.), ist's mit der Ruhe dahin. Wenn dann noch die Feedbacksignale in Form von äußerst knappen Antworten auf die genannten Fragen ignoriert werden, kann man beim Hinausgehen wohl auch das Wort „Entspannung" aus dem Slogan radieren.

3.4.6 Beginn mit einem netten Wort

„Himmel, wo warst du beim Friseur? Hierzu braucht's wohl auch keine Ausbildung" — das Date können Sie abschreiben. Bei allem Interesse, Präsenz, Lockerheit usw. — irgendwann beginnen Sie zu reden. Seien Sie charmant, nett, unverfänglich. Es kann durchaus sein, dass es sich im Verlauf des Gesprächs herausstellt, dass ihr Gegenüber Ihren Sinn für Humor teilt. Kein Weg ist mit derart vielen Fettnäpfchen gepflastert wie der des Humors. Sie wissen aber auch, dass der Weg des Humors einer der erfolgversprechendsten ist[20]. Doch zuerst sollten Sie wissen, was für ein Humor-Typ Ihr Gegenüber ist.

Der Speed-Dater meint: „Beginne mit einem Lob." Wenn wir einmal davon ausgehen, dass jeder gerne zuerst etwas Positives hört, dann sollten wir doch diesen Mikrokosmos der konstruktiven Aura schaffen. Es geht ja nicht um ein Entlassungsgespräch. Dort wäre etwas Small Talk über tolle Winterferien völlig fehl am Platz. Aber im Alltag … warum nicht mit einem positiven Wort beginnen? „Eine schöne Tasche haben Sie", „Danke, dass Sie mir den Platz überlassen haben", „Toll, dass Sie mich gerade erkannt haben" usw.

Als ich beim letzten Restaurant-Besuch (notabene ein nobler Gourmet-Tempel) das Auto auf ein markiertes Feld stellte (aber wohl den Schriftzug im selben nicht gelesen hatte), kam ein Mitarbeiter des Hotels nach draußen gestürmt: „Hier dürfen Sie Ihr Auto nicht hinstellen!" — und das, bevor die Fahrzeugtür abgeschlossen war. Dabei ginge es auch so: „Danke, dass Sie bei uns vorbeikommen. Dürfte ich Sie noch bitten, das Fahrzeug auf die andere Seite zu stellen?" So einfach, ja. Alles umgesetzt. Locker, positiv, nett, freundlich, offen, interessiert — und das mit dem Mehraufwand von wenigen Worten.

! **Learnings**

Auch im Geschäftsalltag finden pro Tag x-fach solche „Speed-Datings" statt. Dabei geht es selbstverständlich nicht immer um das Anbahnen langfristiger Beziehungen. Es geht vielmehr darum, innerhalb kurzer Zeit, z.B. im Fahrstuhl oder auf dem Büroflur beim ersten Kontakt mit einem neuen Kollegen, einen guten Eindruck zu hinterlassen UND das Gegenüber gut aussehen zu lassen … selbst bei banalsten Gesprächsthemen.

---

[20] Die besten Ideen für mehr Humor, Sabine Asgodom (Hrsg.) GSA-Top-Speaker-Edition, Gabal-Verlag 2013.

3.5 Noch ein paar Trainingseinheiten – Techniken zur Verbesserung der eigenen Kommunikation

Für die Themenbereiche Präsenz, Kreativität und Humor gibt es hier noch ein paar Trainingseinheiten, um das Üben im Alltag etwas einfacher zu gestalten.

3.5.1 Förderung der Präsenz

Um in der Alltagskommunikation auch wirklich präsent zu sein, ist es wichtig, im Alltag grundsätzlich konzentriert und fokussiert zu sein. Aus diesem Grund liegt es nahe, das eigene Verhalten mit Achtsamkeits- oder Konzentrationsübungen zu schärfen. Die nachfolgenden Top-10-Konzentrationsübungen hat Burkhard Heidenberger[21] unter dem Augenmerk „so einfach wie möglich" zusammengefasst:

Top-10-Konzentrationsübungen von Burkhard Heidenberger

1. *Buchstaben zählen*
Wenn Sie eine Zeitung lesen, nehmen Sie sich einen Artikel vor. Zählen Sie in diesem Artikel beispielsweise alle i. Am Anfang können Sie einen Stift zu Hilfe nehmen, mit etwas Übung muss es dann ohne gehen.
Steigerung: Zählen Sie gleichzeitig zwei, drei ... verschiedene Buchstaben.

2. *Ohren spitzen*
Stellen Sie Ihr Radio oder Ihren Fernseher für genau 10 Minuten sehr leise. Versuchen Sie trotzdem, alles zu verstehen, was gesprochen wird. Steigern Sie sich dann auf 15, 20, ... Minuten. Sie können gleichzeitig Ihr Kurzzeitgedächtnis trainieren, indem Sie das Gesprochene im Kopf wiederholen.

3. *Schritte zählen*
Klingt zwar einfach, ist es aber nicht: Zählen Sie beim Gehen Ihre Schritte. Wenn Sie sich verzählen, beginnen Sie mit dem Zählen von vorne. Ich mache das beim Joggen. Damit schlage ich gleich zwei Fliegen mit einer Klappe: Ich trainiere meinen Körper und meine Konzentrationsfähigkeit.

---

[21] Burkhard Heidenberger, www.zeitblueten.com

Steigerungsmöglichkeit: Zählen Sie jeden zweiten, jeden dritten ... Schritt. Oder: Zählen Sie die Schritte, während Sie sich beim Gehen mit jemandem unterhalten.

4. Wörter hören und zählen

Wenn Sie sich eine Sendung im Radio oder im Fernsehen anhören, zählen Sie bestimmte Wörter, z. B. alle „und". Eine Steigerung dieser Konzentrationsübung besteht darin, dass Sie mehr als ein Wort herausfischen, beispielsweise alle „und" sowie „mit".

5. Sekunden zählen

So leicht sich diese Übung auch anhören mag, sie erfordert doch einiges an Konzentration: Stellen Sie eine Uhr mit einem Sekundenzeiger vor sich hin. Beginnen Sie von 100 abwärts in Zweiersprüngen zu zählen, und zwar in Intervallen von zwei Sekunden. Also 100, 98, 96 usw. Schaffen Sie es mit den Zwei-Sekunden-Intervallen bis 0, ohne sich zu verzählen?

6. Spiegelverkehrt schreiben

Das erfordert wirklich Konzentration: Beginnen Sie einfach mit Ihrem Namen, und erweitern Sie diese Übung mit langen Texten.

7. Blitzkreuzworträtsel

Lösen Sie gerne Kreuzworträtsel? Dann ist diese Konzentrationsübung vielleicht etwas für Sie. Nehmen Sie ein Kreuzworträtsel zur Hand und eine Stoppuhr. Eine Uhr mit Sekundenanzeiger tut es natürlich auch. Nun versuchen Sie in genau fünf Minuten möglichst viel vom Rätsel zu lösen. Dieser kleine Wettkampf mit sich selbst, erfordert eine erhöhte Konzentration.

8. Sätze ergänzen

Und nun eine Konzentrationsübung, die auch Kindern Spaß macht. Für diese Übung sind zwei Personen nötig.

Erinnern Sie sich noch an die legendäre Quizshow „Dalli Dalli"? Bei einem Quiz ging es darum, einen angefangenen Satz mit einem Wort zu ergänzen. Also beispielsweise kann sich das so abspielen:

Person 1: „Heute ..."

Person 2: „Heute haben ..."

Person 1: „Heute haben er ..."

Person 2: „Heute haben er und ..."

Witzig, welche Geschichten bei dieser Konzentrationsübung gesponnen werden. Diese Übung steigert nicht nur die Konzentration, sondern fördert auch das kreative Denken.

9. *Steigerung der Konzentration und Fremdsprache üben*
Wenn Sie gerade dabei sind, eine Fremdsprache zu lernen, oder sie vertiefen möchten, bietet sich folgende Konzentrationsübung an:
Zählen Sie in der Fremdsprache von 100 abwärts bis 0. Steigern können Sie sich dann, indem Sie in Zweiersprüngen (100, 98, 96 etc.), Dreiersprüngen usw. zählen.
Wollen Sie noch eine Steigerung?
Dann machen Sie diese Konzentrationsübung auf Zeit. Stoppen Sie, wie lange Sie brauchen, bis Sie bei 0 sind. Beim nächsten Mal versuchen Sie diese Zeit zu toppen.

10. *Eigene Tätigkeit beschreiben*
Beschreiben Sie in Gedanken das, was Sie gerade tun. So als würde jemand neben Ihnen stehen, dem Sie jeden Ihrer Handgriffe erklären müssen.
Das klingt jetzt vielleicht leichter als es ist. Zum einen müssen Sie sich dabei auf die Tätigkeit selbst konzentrieren, zum anderen erfordert die Erläuterung Ihrer Tätigkeit auch einiges an Konzentration. Am besten eignet sich diese Konzentrationsübung für Routinetätigkeiten.

3.5.2 Kreativitätstechniken

Kreativ sein heißt nicht, einfach auf die gute Intuition unter der Dusche zu warten. Obwohl das ja jetzt einfacher geht, seit wir immer – selbst beim Du-schen – ganz präsent sind und uns deshalb auf alle Gedanken konzentrieren.

Kreativität ist nicht nur Künstlern vorenthalten. Kreativität ist – ganz im Sinne der Professionalität – die Kenntnis über den Prozess, wie Ideen entstehen. Ziel muss sein, dass ich auch auf „Knopfdruck" Ideen entstehen lassen kann. Vielleicht nicht gleich die allerbesten, aber immerhin ein paar brauchbare.

Wer im Alltag Ideen haben muss (egal ob ein passendes Geschenk, einen spannenden Einstieg in eine Rede o. ä.), kann sich auch einer der Kreativitäts-techniken bedienen. Sie sind Hilfsmittel, um Kreativität ein Stück weit abruf-bar zu machen. Sie ersetzen vielleicht nicht gerade die goldene Idee auf dem Waldspaziergang, aber sie liefern in der Regel relativ schnell neue, spannende und kreative Lösungen. Solche Kreativitätstechniken sind beispielsweise:

- Brainstorming
  Brainstorming darf wohl getrost als einer der Klassiker unter den Kreativitätstechniken bezeichnet werden. Im heutigen Sprachgebrauch ist der Begriff Brainstorming zu einem weit gefassten Terminus geworden, wenn es um Nachdenken und Ideenfindung geht. Eigentlich beschreibt Brainstorming jedoch die Ideensammlung, kombiniert mit anschließender Bewertung innerhalb einer Gruppe mit unterschiedlichen Vorkenntnissen. In einer ersten Phase (ca. 20 Minuten) trägt die Gruppe ihre individuellen Gedanken und Ideen zusammen, ohne dabei über Inhalt und Sinnhaftigkeit der einzelnen Äußerungen zu diskutieren oder Kritik zu üben. Im Anschluss stellt sich das Kollektiv in einer zweiten Phase die Frage, ob und welche der einzelnen Ideen verwert- und umsetzbar sind. Gemeinsam filtert die Gruppe auf diese Weise lösungs- und problemorientiert die besten Ideen heraus.

- Brainwriting
  Das Brainwriting ähnelt grundsätzlich dem Konzept des Brainstormings. Jedoch sammelt hier zunächst jedes Gruppenmitglied in Ruhe Ideen. So konzentriert sich der Einzelne, im Gegensatz zum Brainstorming, zunächst auf seine Gedanken und schreibt diese auf ein Blatt Papier nieder. In der zweiten Phase werden die Ergebnisse zusammengetragen und ebenso bewertet und gefiltert.

- Mindmapping
  Mindmapping meint eine Ansammlung verschiedener Gedanken zu einem Thema, die gleichzeitig grafisch aufbereitet und in sinnhaften Zusammenhängen zu Blatt gebracht werden. Der Ersteller der sogenannten Mind-Map startet mit einem zentralen Oberbegriff, seinem Thema, in der Mitte des Blattes und ordnet seine Ideen systematisch um ebendiesen. Der Einfachheit und Übersichtlichkeit zuliebe verwenden Ideenfinder lediglich Stichworte in der Mind-Map.

- Visualisierung
  Wer sich der Technik der Visualisierung bedient, um Ideen zu entwickeln, begibt sich bewusst in einen Tagtraum des gewünschten Endzustands. Ein einfacher Blick in die Wolken, die Frage, wie diese geformt sind und was daraus entsteht, und der Transfer hin zum eigenen „Problem", ist eine

angenehme Übung zur Ideenentwicklung. Ganz nebenbei hilft sie, die Schönheit der alltäglichen Nebensächlichkeiten (Wolken, Bäume, Natur) wieder zu erkennen.

- Reizworttechnik
  Die Reizworttechnik koppelt zwei zunächst scheinbar fremde Begriffe. Ein Brainstorming zu einem x-beliebigen Wort, losgelöst vom eigentlichen Problem, mit anschließendem Transfer der Ergebnisse auf das eigentlich vorliegende Problem. Klingt abstrus, führt aber zu erstaunlich guten Ideen.

- Morphologische Matrix
  Mithilfe einer morphologischen Matrix zerpflücken Ideensuchende ihr Problem in mehrere Unterprobleme. Die Eigenschaften/Unterprobleme finden in einer linken Spalte Platz, auf der rechten Seite werden Stichworte zur potentiellen Lösungsentwicklung notiert. Durch die anschließende Verknüpfung verschiedener Attribute untereinander ergibt sich die gewünschte Lösung fast wie von selbst.

- Umkehr-Methode
  Die Umkehr-Methode befasst sich mit dem „Gegenproblem". Sie fragt, was zu unternehmen oder zu unterlassen ist, um genau das Umgekehrte/Gegensätzliche zu erreichen. Die Ideen zur Lösungsentwicklung des „Gegenproblems" werden wiederum auf ein Blatt notiert, ausgewertet und in die wirkliche Problemstellung „übersetzt".

3.5.3 Humor erlaubt: Punkten mit Pointen

Wer Humor hat, der hat beinah schon Genie. Wer nur Witz hat, der hat meistens nicht einmal den.

Arthur Schnitzler

Nicht nur wer Vorträge halten oder Workshops leiten muss, steht vor der Herausforderung: Wie lassen sich Inhalte spannend vermitteln? Auch im ganz normalen täglichen Büroablauf kann der Alltag ein bisschen Farbe vertragen. Viele wichtige und auch weniger wichtige Themen sind leider oft ziemlich trocken. Mit etwas Witz und Kreativität werden sie leichter verdaulich. Mit einer Prise Humor als Unterstützung — aber nicht zum Selbstzweck — kann es mit etwas Übung gelingen, mit treffenden und zugleich locker dargebotenen Pointen beim Gesprächspartner zu punkten.

Bevor wir uns mit stilistischen Mitteln und kommunikativen Eskapaden auf andere stürzen, beginnen wir dort, wo alles beginnt: Beim ICH! Denn auch das

Humoristische beginnt bei jedem selbst. ICH stehe erst einmal ganz alleine da und überlege mir, mit welchen Ingredienzien ich beim anderen Eindruck machen kann, sofern ich es denn will. Will ICH meinen Vortrag, meinen Beitrag, meinen täglichen Auftritt humoristisch aufpeppen? Oder will ich es nur, weil es sich gerade gut macht? Wenn wir Humor nur einsetzen, weil wir meinen, es werde von uns verlangt, können wir „Spaß" auch gleich durch „Peinlichkeit" ersetzen.

Was für ein Humortyp bin ich?

Humor lebt von Authentizität, von Echtheit. Das geht nur, wenn ich weiß, was „echt" ist, was wirklich zu mir passt. Was finde ich normalerweise lustig? Der gescannte Alltag gibt Aufschluss darüber. Welche TV-Sendung bringt mich zum Schmunzeln? Welcher Comedian treibt mir Lachtränen in die Augen? Von welchen YouTube-Videos erzähle ich meinen Freunden?

Mit diesen Fragen finden Sie auf relativ einfache und sehr kurzweilige Art heraus, was Ihnen gefällt. Genau dieses Gefühl für Humor, das Sie in sich haben, können Sie meistens am leichtesten und vor allem authentisch einsetzen. Und dabei geht es nicht darum, jemanden zu imitieren oder einfach nur Witze nachzuerzählen, sondern die persönlichen Ausführungen wirksam mit unterhaltenden Elementen, eben Pointen, zu ergänzen und umzusetzen.

3.5.3.1 Wie entstehen Pointen?

Eine Pointe ist, einfach ausgedrückt, eine „unerwartete Wendung". Eine gute Pointe ist, bildlich gesprochen, so, als wenn wir mit einem Auto auf einer geraden Strecke fahren und plötzlich völlig überraschend eine 90-Grad-Kurve kommt. Als inhaltliche Grundlage muss der Alltag herhalten, weil gerade dieser eine wahre Fundgrube für Pointen darstellt. Die Mär vom „grauen Alltag" stimmt nicht. Unser Alltag ist farbig und wer diese bunte Vielfalt ganz bewusst wahrnimmt, findet ideale Grundlagen für Pointen. Leuten mit Humor sagt man eine ausgesprochen gute Beobachtungsgabe nach. So gesehen ist Beobachten auch die zentrale Fähigkeit eines Pointen-Setzers, wie folgende Werkzeuge zum Punkten mit Pointen zeigen:

Die DIT-Pointe oder Das-ist-typisch-Pointe

Setzen Sie sich an den Straßenrand, in ein Restaurant, in die Straßenbahn oder in den Eingangsbereich eines Shopping-Centers. Das ist lustig, wirklich. Was man da nicht alles sieht und hört. Versuchen Sie einmal genau hinzuschauen und zu entdecken, was vielleicht „typisch" für ein Einkaufszentrum ist. Wenn Sie erkannt haben, was „typisch" ist, hinterfragen Sie für sich das Gesehene und Gehörte. Dann erzählen Sie die Geschichte einschließlich Ihrer Gedanken locker in der Ich-Form und schon haben Sie die erste Kurz-Story mit Pointe.

▶ **BEISPIEL**

Neulich auf dem Postamt. Ich gab eine Buchsendung mit Empfänger im Ausland auf. Korrekterweise musste die Schaltermitarbeiterin jetzt eine kleine Zolldeklaration mit Inhaltsangabe ausfüllen. Ich legte ihr die Sendung auf die Schalterplatte. „Hat's da was drin?", fragte mich die vielleicht im innersten Herzen sehr wohl engagierte Mitarbeiterin. „Ja, ausnahmsweise", meinte ich für mich. „Denn sonst sende ich ja ausschließlich leere Umschläge ins Ausland."

Sie erzählen die Geschichte, bringen das „Typische" auf den Tisch (sie fragt nämlich immer: „Hat's da was drin?") und schieben Ihre inneren Gedanken nach. Diese haben den Zweck, dass sich der Zuhörer des „Typischen" bewusst wird, sich auch etwas ertappt fühlt — und genau das ist die Pointe.

- Hören Sie sich doch im Alltag einfach wieder einmal zu. Vielleicht erzählen auch Sie Dinge, von denen Sie selbst nicht mehr wissen, was Sie da eigentlich sagen.

Die IDUKV-Pointe oder Irritation-durch-unange-kündigt-den Kontext-verändert-Pointe

Steigen wir gleich in die nächste Pointen-Variante ein. Eine Mikro-Theaterszene:

▶ **BEISPIEL**

Romeo zu Julia: „Julia, was machst du auf dem Balkon?"
Julia zu Romeo: „Was wohl? Drinnen ist Rauchverbot!"

Bei aller Heiterkeit und für alle, die literarisch nicht so sattelfest sind: So hat sich der Dialog im Original definitiv nicht abgespielt. Wir hören Romeo und Julia und denken an das Liebesdrama. Eine Kontextveränderung hat stattgefunden, ohne dass der Zuhörer das wusste. Das löst Irritationen aus. Um eine Geschichte zu begreifen, braucht es Informationen. Oder wir setzen bewusst einen Kontextwechsel ein, um zum Denken anzuregen. Wir belassen den Dialog, ändern aber den Raum. Und schon gibt es eine andere Geschichte. Ein zweites Beispiel eines Dialogs der Weltgeschichte:

▶ **BEISPIEL**

Adam: „Eva-a-a — liebst du mich noch?"
Eva: „Ja, wen denn sonst?"

Was ist das Absurde an diesem Dialog? Die Betonung liegt auf „mich" statt auf „noch". Im vorhandenen Kontext, sprich Paradies, mit nur diesen beiden Menschen, ergibt „mich" überhaupt keinen Sinn, „noch" würde es schon tun. Die Frage könnte nur lauten: Liebst du mich?

- Dialoge und Kommunikation ergeben nur dann Sinn, wenn beide Gesprächspartner im gleichen Kontext sind und vom Gleichen reden.

Die MÜT-Pointe oder Die massiv-übertriebene-Pointe

Kennen Sie Werbeanrufe? Sie mögen sie nicht? Ich erhalte diese Anrufe auch. Es gibt Phasen, da schlittere ich in meine Humorniederungen des gefühlten „Sadismus" ab. Es klingelt oder das Gerät, das man über Generationen hinweg „Telefon" nannte, beginnt einen downgeloadeten Rington von sich zu geben.

> **BEISPIEL**

Geschickt leitet der Anrufer ein: „Möchten Sie beim Telefonieren auch Geld sparen?" — „Nein." Der gewiefte Call-Agent, der doch schon in allen möglichen kommunikativen Wassern gebadet hat, meint dann mit gespieltem Interesse: „Was ist der Grund, dass Sie das nicht möchten?" Super! Jetzt kommt mein Part: „Wissen Sie, das ist jetzt gelebter Snobismus in epochaler Dekadenz. Wir haben zu Hause alles. Ein schönes Haus, einen prächtigen Garten, vier Autos, zwei Yachten im Mittelmeer, fünf Computer, drei Fernsehgeräte. Da haben wir uns überlegt — was haben wir noch nicht? Klar, wir leisten uns jetzt einfach den teuersten Telefonanbieter. Das ist wahrer Luxus, nicht wahr?"

Warum soll das lustig sein? Die Pointe ist, dass die Geschichte derart übertrieben ist, dass wohl jedem klar wird, dass sie nicht stimmen kann. Sie bringen die Geschichte aber mit höchstmöglicher Glaubwürdigkeit vor. Hier entsteht die Spannung des Absurden: tiefernst die Stimmlage, maßlos übertrieben der Inhalt. Oder versuchen Sie es so:

> **BEISPIEL**

Sie haben Gäste zu Hause. Der Wein ist aus. Sie melden sich freiwillig, um einen neuen aus den Keller-Gemächern zu holen. Mit den Worten „Bin gleich wieder da" melden Sie sich ab. Sie gehen aus der Wohnung in das Treppenhaus, warten auf den Aufzug, fahren in die Etage -2, irren zielorientiert durch die Katakomben der zentral angelegten Kellerzellen Ihrer Überbauung, suchen die verstaubteste Flasche heraus, ziehen wieder durch die muffigen Gänge des Minus-2-Stockwerks und hechten an den Aufzug, der natürlich wieder weg ist und zuerst geholt werden muss. Nun kommen Sie etwas ermattet, aber immerhin mit einer neuen Flasche Wein in der Wohnung an. Mit welchen Worten werden Sie empfangen? Klar: „Schatz, wo warst du die ganze Zeit?" Geben Sie jetzt nicht zur Antwort, was Sie alles getan oder eben nicht getan haben. Lassen Sie Ihre Übertreibungspointe los: „Ach ja, ich war noch kurz am Kiosk, ging zweimal fremd, hab noch die Winterreifen am Auto montiert, hab das Fahrrad gewartet, den Rasen gemäht und am Schluss habe ich noch eine Flasche Wein geholt." Glauben Sie mir: Es gibt hier keine weiteren Fragen mehr …

- Übertreiben Sie ruhig — aber richtig!

Die KDG-Pointe oder Die Konsequent-durchgezogen-Pointe

Haben Sie schon einmal im Blog für IT-Probleme nach Lösungen gesucht?

> **▶ BEISPIEL**
>
> „Sie können HD 6950 modded + 20 % umwandeln und übertakten. Am besten verändern Sie das Bios, müssten dann die Schritte Taktgeschwindigkeit angleichen und übertakten. Wenn es nicht funktioniert, restarten Sie mit F10 und booten nochmals …"

Was ist daran lustig? Es gibt Sprachstile, die typisch für eine Gruppe sind. Im Beispiel oben die IT-Sprache. Wenn Sie einem engagierten Informatiker zuhören oder seine E-Mails lesen, spüren Sie seine hohe Fachkompetenz. Oft ist man als User aber völlig überfordert, weil diese Begriffe schlichtweg aus einer anderen Welt stammen. Jeder kennt das. Jetzt gehen Sie hin, komprimieren Ihren Beitrag und verfassen ihn praktisch ausschließlich in der Sprache dieses Jargons, und Sie haben eine völlig absurde Geschichte, die Sie danach aber mit grundsoliden Worten auflösen können. Oder Sie drehen es um. Sie nehmen eine Geschichte, die jeder kennt, wie das Märchen Rotkäppchen in Kapitel 1.5. Dann wählen Sie den gewünschten Fachjargon (Jugendsprache, IT oder Ärzte etc.) und erzählen einen Textteil daraus. Das ist sehr humorvoll, insbesondere für diejenigen, die selbst davon betroffen sind. Den Spiegel können Sie so vorhalten, ohne dass es verletzend wirkt. Hier das Rotkäppchen-Beispiel in einer weiteren Version:

> **▶ BEISPIEL: Rotkäppchen „voll modern"**
>
> Hey. Da hat doch letzthin voll unplugged eine extrem krasse Döner-Fee auf rot-bling-bling gemacht und ist farbgelippt mit ihrem Fresskorb durch den Wald gewalkt. Den hätt' sie in den Nobelschuppen ihrer maroden Oma bringen sollen. Im Wald dann wurde sie von einem solch haarig dunklen Typen angemacht. Das war so etwas voll von Stress für sie und sie antwortete ihm auf die Frage, wohin sie gehe: „Hey, du verklemmter Klugscheißer, das geht dich Ananas an, was ich da mache, ist das klar, Großer?" …

Oder der Schluss der Geschichte, wie ihn sich Ärzte wohl erzählen könnten:

> ▶ **BEISPIEL**
>
> ... „und diese dysfunktionale Zahnstellung, ist das wegen der Parodontose?" In diesem Augenblick erscheint ein bakterieller Naturschützer und will mit seinem Blasenkatheter das Bauchfell des Mädchens lokal betäuben ...

- Es eignet sich fast alles zur konsequenten Transkription.

Die BDAK-Pointe oder Die Bedient-alle-Klischees-Pointe

Klischees sind dazu da, die Welt besser zu verstehen. Sie können helfen, sind manchmal auch willkommene Ausreden, nicht mehr denken zu müssen oder eine tiefe Überzeugung zu revidieren. „Fußball ist, wenn am Schluss Deutschland gewinnt" ein selbstkasteiendes Klischee, das den Schweizer Fußball-Fan neidvoll und diskret über die nördliche Grenze schielen lässt. Es hilft, mit eigenen Niederlagen fertig zu werden, ohne am eigenen Vermögen zweifeln zu müssen.

Die Sprache sagt, wer ich bin. Das ist vielleicht etwas verkürzt und sehr trivial ausgedrückt. Aber vielleicht hat es damit ja schon etwas auf sich. Es gibt in der Sprache zumindest gefühlte Unterschiede zwischen Frauen und Männern. Das Klischee sagt es auf jeden Fall, die Menschen glauben es. Auch wenn es schlussendlich in der gemessenen und realen Welt gar nicht einmal so unterschiedlich zugeht. Wichtig ist nicht, was ist, sondern was wahrgenommen und geglaubt wird.

So sagt ein nie geschriebener Glaubenssatz, dass Männer dazu neigen, zu sagen, was sie wollen und Frauen die Neigung haben, lediglich Zustände zu beschreiben. „Hol mir noch ein Bier" — ist nicht gerade freundlich, aber klar. So der Mann. „Du, Schatz, es ist kein Fleisch für die Gäste morgen im Haus." So die Frau, in klarer Hoffnung, dass der Mann sich den Rest denkt, nämlich, dass er jetzt aber schleunigst das Fahrrad satteln und zum Metzger fahren soll.

Das ist ein Thema, das Sie gut und gern aufnehmen können. Klischees gibt es zuhauf. Seien Sie allerdings nie verletzend. Einige Dinge sollten Sie aufgrund Ihrer Position oder Herkunft möglichst nicht verwenden. Aber diese Fettnapftheorie kennen Sie sicher zur Genüge. Beobachten Sie einmal scharf, was es für Klischees gibt. Frauen/Männer ist der Klassiker. Oder pubertierende Kinder. Diese finden „eh alles peinlich" und daher in Sekundenbruchteilen einen Weg, sich in die Opferrolle zu werfen. Spielen Sie mit dem Klischee.

▶ **BEISPIEL**

Tochter: „Mami, darf ich samstags ausgehen? Übrigens dürfen alle bis um 1 Uhr dort bleiben."

Mutter: „Du kommst um 24.00 Uhr — wie immer."

Tochter: „Ach Mami, du bist so peinlich."

Mutter: „Nein, ich möchte, dass du um 24.00 Uhr zu Hause bist."

Tochter: „Aber die Mutter meiner Freundin kommt uns um 00.45 Uhr mit dem Auto abholen und bringt uns nach Hause. Und du willst doch auch nicht, dass ich allein durch die dunkle Nacht nach Hause gehe. Du sagst immer, das ist zu gefährlich."

Mutter: „Okay, dann frage ich doch grad schnell bei der Mutter deiner Freundin nach, wie das denn ist."

Tochter: „Oh Mami, du bist so peinlich, du bist jetzt ganz sicher die Einzige, die dort anruft. Du möchtest doch auch nicht, dass ich so ausgegrenzt werde und sogar die Mutter meiner Freundin weiß, was ich für eine peinliche Mami hab."

Der Dialog kann beliebig und über mehrere Stunden weitergeführt werden. Selbstverständlich ohne Ende ... Nur Klischees — schön der Reihe nach: Argument „peinlich", Negierung und Ansteuern der Opferrolle, Versuch einer sachlichen Lösung, Argument „peinlich", Negierung und Ansteuern der Opferrolle, Versuch einer sachlichen Lösung, Argument „peinlich", Negierung und Ansteuern der Opferrolle, Versuch einer sachlichen Lösung usw.

3.5.3.2 Im Alltag das Humorgefühl trainieren

Trainieren Sie Ihr Humorgefühl täglich, aber bitte halsen Sie sich nicht wieder zusätzliche Arbeit auf oder bauen Sie separate „Humorfenster" in Ihren Alltag ein. Nein — nutzen Sie das, was Sie so oder so tun, um es kreativ zu hinterfragen. Sitzen Sie im Zug, beobachten Sie die Mitreisenden und überlegen Sie, was Sie hier jetzt humorvoll finden. Stehen Sie im Stau, lesen Sie die Aufschrift eines Lkws und lassen Ihren Gedanken freien Lauf, bis Ihnen dazu etwas Witziges in den Sinn kommt.

Humor ist, wie anfänglich erwähnt, vor allem eine Sache der Kreativität. Und die lässt sich trainieren. Analysieren Sie regelmäßig: Hat es funktioniert? Wenn nicht, was könnten die Gründe sein?

- War ich selbst zu wenig überzeugt davon?
- Oder war ich gedanklich abgelenkt?
- Habe ich an die Lacher und nicht an die Story gedacht?
- War mein Timing richtig?

Wenn Sie diese Fragen beantworten, haben Sie im Schnelldurchlauf die häufigsten Gründe, warum eine Pointe nicht wirkt. Grundsätzlich ist das nichts Schlimmes. Es muss und kann nicht immer lustig sein — selbst Bühnen-Profis kennen das. Zu viele Parameter können Sie nicht beeinflussen. Entscheidend ist das Timing. Es kommt auf Sekundenbruchteile an. Das kann man nicht bewusst trainieren, man muss es einfach machen. Eine Pointe eine halbe Sekunde zu spät ist nicht lustig, weil alle den Ausgang schon erahnt haben oder die Spannung abgeflacht ist. Eine Pointe zu früh heißt, Ihr Gegenüber hat Ihre Gedanken vielleicht nicht so schnell mitspinnen können und versteht deshalb die Pointe nicht: „Da komm ich nicht dahinter, ist wohl zu hoch für mich." Wenn Sie wissen, was ankommt und was nicht, können Sie weitere Pointen und Gags einbauen. Immer mindestens zwei Drittel, die sicher „gehen", und ein Drittel als Versuch von etwas Neuem. So bauen Sie Ihr Repertoire laufend aus, ohne dass das Ganze sprichwörtlich in die „Hose" geht.

> **! WICHTIG**
>
> **Ach ja ... einen hab ich noch:** Beginnen Sie nicht, mir zuliebe Witze zu erzählen. Lassen Sie Pointen entstehen und bauen Sie sie selbst. Gags von Ihnen sind echter und passender. Witze sind Konserven, vielleicht besser als gar nichts, aber die Gefahr einer Publikumsreaktion wie „den kenn ich" ist groß. Sie lässt sich mit etwas Eigenem vermeiden. Schaffen Sie Neues. Es gibt noch vieles, was der Welt zu sagen ist und was sie noch nicht gehört hat. Vielleicht verwenden Sie bekannte Zitate erstmals in einem neuen Kontext. Die wirken auch wie Pointen. Schaffen Sie Ihre Marke, Ihren typischen Humor. Denn wie der deutsche Journalist, Literatur- und Theaterkritiker Juda Löb Baruch (1786-1837) sagte: „Der Humor ist keine Gabe des Geistes, er ist eine Gabe des Herzens."

3.6 Fallbeispiele – wie Führungskräfte gelungen kommunizieren

Im Geschäftsalltag zeigen Gespräche zwischen Vorgesetzten und Mitarbeitern oft sehr genau auf, wie die grundsätzliche Kommunikationskultur in einem Unternehmen gelebt wird. Diese Gespräche sind ein Indikator dafür, welche versteckten Gesetzmäßigkeiten gelten, vor allem aber auch, wie Kommunikation verstanden wird. Dabei sind nicht die oft sehr strukturierten, vorbereiteten Mitarbeitergespräche das Maß aller Dinge, diese gleichen sich über mehrere Unternehmen und Abteilungen hinweg meist sehr stark. Die Frage ist hier: Was wird im Alltag gelebt und wie wird insbesondere die Kommunikation in den alltäglichen und alltäglichsten Situationen erlebt? In diesem Kapitel wird daher der Fokus auf die Art, wie Führungskräfte kommunizieren, gelegt.

Wie man sich selbst wahrnimmt und einordnet, muss sich nicht unbedingt mit der Sichtweise der anderen decken. So manche Führungskraft meint, sie wirke freundlich, weil sie immer lächelt, während diese Angewohnheit auf die Umgebung eher wie Zähne zeigen wirkt.

Wie beliebt bin ich an meinem Arbeitsplatz?

Aufschluss gibt dieser kleine — nicht todernst gemeinte — Selbsttest.

	Ja	Nein
Das Firmen-Toilettenpapier ist mit Ihrem Foto bedruckt.		
Sie werden spaßeshalber nicht mit Papierkugeln, sondern mit Steinchen beworfen.		
Statt eines Computers gibt man Ihnen eine Steintafel und einen Meißel.		
Ihr Gehalt wird in Rubel ausbezahlt.		
Ihre Kollegen schenken Ihnen ein T-Shirt mit einer Zielscheibe.		
An Ihrer Bürotür sind zwei Nullen angebracht.		
Ihre Kündigung haben alle Kollegen unterschrieben.		
Das Bild Ihres Partners/Ihrer Partnerin steht noch auf zwölf anderen Schreibtischen.		

Das mit Abstand deutlichste Anzeichen dafür, dass Sie in Ihrer Arbeit unbeliebt sind, ist …

… Sie sind der Chef!

Natürlich ist diese Darstellung extrem überspitzt. Doch denken Sie daran: So wie positive Zusammenhänge und Zustände mit etwas Humor gewürzt leichter verdaulich sind, können auch negative Aspekte humorvoll verpackt besser zum Ausdruck kommen. Auch der Umkehrschluss ist erlaubt — die allgemeine Anerkennung drückt sich darin aus, dass keine der Aussagen auch nur ansatzweise bzw. in Varianten zutrifft.

3.6.1 Kommunikation im Alltag mit Mitarbeitern

Vorgesetzter von ehemaligen Kollegen, Projektleiter mit rein fachlicher Verantwortung, Neutralität bei Vorurteilen bewahren, Motivieren von Nur-Pflicht-Erfüllern, Generationskonflikte entschärfen … — die Situationen, in denen Führungskräfte richtig kommunizieren müssen, sind ebenso vielfältig wie die davon betroffenen Mitarbeiter. Trotzdem gibt es Situationen, die immer wieder in ähnlicher Form auftreten und auf die man sich vorbereiten kann. Zum zwischenmenschlichen Aspekt kommen die technischen Rahmenbedingungen im Unternehmen hinzu. Immer besteht ein Zusammenhang aus Umgebung, Abhängigkeit und Befindlichkeit.

Das Prinzip der wertschätzenden Kommunikation

Der Schlüssel zur wertschätzenden Kommunikation liegt in einem bewussten Umgang mit der Sprache. Tatsache ist, dass Worte nie eindeutig sind. Fast immer werden sie von einer Fülle von Interpretationen, Bewertungen und Urteilen begleitet. In ausschließlich fachlichen Fragen wie etwa der Entwicklung einer Maschine ist das kein Problem. Wenn es jedoch um menschliche Beziehungen geht, führen diese Bewertungen schnell zu Missverständnissen, Konflikten und dem ausschließlichen Fokus auf Fehlverhalten.

Ein neuer wertschätzender Kommunikationsstil lässt sich durch die vier folgenden Schritte im Unternehmen verankern:

1. Wertfreies Beobachten
   Die Forderung nach genauem Beobachten werden viele Führungskräfte vielleicht als selbstverständlich für eine erfolgreiche Zusammenarbeit ansehen. Wer sich allerdings intensiver mit diesem Anspruch auseinandersetzt, wird schnell erkennen, dass es gar nicht so leicht ist, ihm gerecht zu werden. Fast immer wird das sorgfältige Beobachten von Bewertungen, Urteilen und Interpretationen überlagert oder gar verhindert. Die Folgen sind nicht selten Missverständnisse und heftige Konflikte. Die Gesprächspartner hören einander nicht wirklich zu und sind stattdessen mit der Abwehr verbaler Angriffe befasst. Um diesen oft automatisch ablaufenden Prozess zu durchbrechen, ist es wichtig, sich täglich die Bewertungen durch Kollegen und die Situationen, die so entstehen, bewusst zu machen.
   Damit hat man das wertfreie Beobachten bereits in die Tat umgesetzt. Die so gewonnenen Informationen über die Realität bilden die Basis für gegenseitiges Verständnis, Klarheiten der Zusammenarbeit und die Möglichkeit, Fehlentwicklungen aufzuhalten.

2. Wahrnehmen der Gefühle
   Die wohl wichtigsten Informationen, die eine genaue Beobachtung offenlegt, sind jene über Gefühle. Auch wenn viele Führungskräfte gerne

nur auf der sogenannten Sachebene kommunizieren möchten, sind doch letztlich Emotionen die treibende Kraft jeder Zusammenarbeit. Werden sie ignoriert oder verdrängt, können sie leicht zu einer Gefahr werden — wie ein Vulkan, der nach außen hin ruhig wirkt, in seinem Innern jedoch kurz vor einer gewaltigen Explosion steht.

Kommt es zu so einem Ausbruch, gefährdet dieser nicht nur das Betriebsklima. Er kann wichtige Projekte zum Scheitern bringen oder sogar die Gesundheit einzelner Mitarbeiter aufs Spiel setzen. Das Aufdecken von Gefühlen ist auch deshalb so entscheidend, weil es die Eigenverantwortung stärkt. Viele Menschen verhalten sich so, als ob sie für ihre Emotionen nicht verantwortlich wären, und weisen anderen die Schuld dafür zu. Natürlich können Sie durch Ihre Worte und Handlungen Gefühle bei anderen auslösen. Diese sind aber nie die Ursache der Emotionen. Sie ist allein in den erfüllten oder nicht erfüllten Bedürfnissen zu suchen.

3. Eingestehen der Bedürfnisse
Gefühle sind der Wegweiser zu dem, was jeder Mensch benötigt. Das können grundlegende Bedürfnisse wie Hunger oder Durst sein. Unter die menschlichen Bedürfnisse fallen aber auch psychologische Aspekte wie Zuwendung, Nähe oder Sicherheit.

Jede Bewertung, etwa in Form von Kritik, Vorwürfen oder Verurteilungen, ist Ausdruck unerfüllter Bedürfnisse. Sich dies klarzumachen, ist im Grunde das Ende jedes Konflikts. Sind die Bedürfnisse erst einmal erkannt, öffnet sich eine Vielzahl von Handlungsmöglichkeiten, sie zu erfüllen.

4. Äußern einer Bitte
Hier setzt der vierte Schritt der wertschätzenden Kommunikation an, das Äußern von Bitten. Viele Führungskräfte glauben, dass sie für schwierige Situationen immer eine Lösung parat haben müssen. Das setzt sie nicht nur unter ständigen Druck, es verhindert auch eine wertschätzende Zusammenarbeit.

Bitten dagegen fördern die Eigenverantwortung aller am Arbeitsprozess beteiligten Menschen. Sie führen dazu, dass sich alle wirklich der gemeinsamen Sache öffnen. Damit das gelingt, sollten Bitten immer das formulieren, was der Einzelne möchte, und nicht das, was er ablehnt. Zudem sollten sie überprüfbar sein, dem Gegenüber Entscheidungsfreiheit gewähren und keine versteckten Forderungen ausdrücken.

Die eine Weisheit zur richtigen Kommunikation kann es nicht geben! In den meisten Fällen wird von der Führungskraft aber eine sensible situationsbezogene Kommunikation erwartet.

Das folgende Fallbeispiel soll dazu anregen, sich möglichst im Vorfeld mit grundlegenden Problematiken zu beschäftigen, um denkbare eigene Lösungsansätze zu finden.

▶ Fallbeispiel: Umgang mit Vorurteilen

Ein Teamleiter im Bereich Produktion pflegt ein sehr kollegiales Verhältnis. Drei seiner fünf Mitarbeiter waren früher Kollegen des inzwischen mit Führungsverantwortung betrauten Teamleiters. Für ein Großprojekt mit zusätzlichen Schichten werden dem Team für drei Wochen drei weitere Arbeiter zugeteilt. Die Namensliste wird dem Teamleiter wenige Tage vor Projektstart übergeben. Zwei der neuen Mitarbeiter kennt der Teamleiter aus früheren Projekten, wobei es mit einem große Disziplinprobleme (sehr unpünktlich) gab. Der andere hat den Eindruck hinterlassen, ein sehr arbeitsamer, aber eher verschlossener Kollege zu sein. Der dritte Neuling ist dem Teamleiter nicht persönlich bekannt. Der Vorgesetzte erwähnte jedoch, dass er kein unbeschriebenes Blatt sei, weil er schon in diversen anderen Projekten negativ aufgefallen sei. Jetzt erhält er nochmals eine letzte Chance.

Lösungsansatz: Professionelle Führung verlangt, sich allen Mitarbeitenden gegenüber fair und korrekt zu verhalten. Vorurteilsfrei zu sein, ist die Tugend der Stunde: Es liegt jedoch in der Natur des Menschen, sich aufgrund erster Eindrücke möglichst rasch ein Urteil zu bilden — ein automatisiertes System, das durch Teilinformationen und Informationen aus zweiter Hand schnell zu Vorurteilen führen kann. Um das zu vermeiden, heißt es zunächst für sich selbst zu klären: Habe ich Vorurteile oder nicht? Danach gilt es, das Gespräch mit jedem Einzelnen zu suchen und darüber zu reden, evtl. Eigenheiten zu akzeptieren und somit eine Chance zu eröffnen. Vom „alten" Team darf/soll/kann ebenfalls verlangt werden, den neuen Kollegen eine Chance zu geben. Wichtig ist, die Entwicklung zu verfolgen, um als Führungskraft ggf. frühzeitig zu intervenieren, also klar Stellung zu beziehen.

Kommunikation ist eine vielschichtige Aufgabe, die dazu führen soll, dass Unternehmens- oder Projektziele mit den gegebenen Mitarbeitern und Mitteln möglichst schnell und gut erreicht werden. Die Kombination ist stets neu und individuell. Deshalb lohnt sich die intensive Auseinandersetzung mit solch angenommenen Situationen, weil sie hilft, aus dem eigenen Raster auszuscheren und für neue gedankliche Ansätze offen zu sein. Tritt dann eine solche oder ähnliche Situation, in der es zu handeln gilt, tatsächlich ein, kann diese souveräner gemeistert werden. So wie die weiteren Beispiele in den folgenden Abschnitten zeigen.

Hannes

Hannes kommuniziert im Alltag ... sofort (Teil 3)
Die Zeit ist reif. Hannes gefällt das Verhalten eines seiner Mitarbeiter schon lange nicht mehr. Die Leistungen von Mustermann sind alles andere als mustergültig, Termine werden so knapp eingehalten, dass es oft unsicher ist, ob es klappt. Ansonsten fällt Mustermann vor allem durch Unauffälligkeit auf. Krankentage am Montag nach Heimspielen des Lieblings-Fußballclubs häufen sich.

Immer wieder hat Hannes sich eingeredet, dass es besser werde und hat Mustermann bisher nicht damit konfrontiert. Im Grunde aber ist es so, dass Hannes das entscheidende Gespräch seit Monaten vor sich her schiebt. Jetzt ist es soweit. Hannes' Vorgesetzter hat Wind davon erhalten und ihn unter Druck gesetzt. „Eigentlich müsste der sich gar nicht einmischen", denkt Hannes. Aber auch Hannes ist — obwohl Vorgesetzter — für seinen Chef ein Mitarbeiter. „Das ist die Hierarchie, es sitzt immer noch einer weiter oben."

Hannes bereitet das Gespräch vor
Hannes hat Fakten gesammelt und bastelt sich einen Leitfaden für das Gespräch mit Mustermann. Wie soll er beginnen? Etwas Small Talk? Das schafft Atmosphäre. Allerdings ist zu viel davon auch nicht gut, das hat er in der Ausbildung gelernt. Man soll nicht zu kollegial wirken, wenn es hart auf hart geht. Stichwortartig notiert Hannes: „Kurzer Small Talk: Wetter passt immer, fragen, ob er Skifahren geht." Dieser Schuss kann allerdings in den Ofen gehen. Was, wenn der Mitarbeiter gleich einklinkt und nach Ski-Urlaub fragt? Also muss ein unverfänglicheres Thema her. „Wie geht's?" Nicht sehr kreativ und es interessiert ihn auch nicht, aber sein Chef fragt ihn das auch immer.
Dann zum Problem: „Ich bin heute da, um mit Ihnen ..."; das hört sich zu sehr nach Verhör an, zu dramatisch. Also direkter: „Herr Mustermann" — das ist etwas förmlich, distanziert, schießt es Hannes durch den Kopf. „Geschätzter Herr Mustermann." Genau, das drückt Wertschätzung aus, so steht es im Leitbild. Also: „Geschätzter Herr Mustermann, ich bin grundsätzlich zufrieden mit Ihnen." Nein, das gefällt Hannes nicht. „Grundsätzlich zufrieden" hört sich negativ an. Dann kann er gleich sagen: „Ich bin unzufrieden mit Ihnen." Aber das ist doch recht hart, wie ein Schlag ins Gesicht.
Hannes überlegt, wie er es denn selbst gern hätte. Ehrlich, offen, aber ohne zu verletzen, konfrontieren, aber eine gute Stimmung halten? Hannes ist am Verzweifeln. Soll er sein Harmoniebedürfnis aufgeben, um seinem Chef zu gefallen? Seinen Mitarbeiter verstimmen, um danach noch mehr Probleme zu haben? Aber wenn es so weitergeht, geht es auch nicht.

Hannes erinnert sich an Kommunikationsmodelle
Er sucht in den Seminarunterlagen der Führungsausbildung nach Leitfäden und Gesprächsmodellen. Glasl, die sieben Eskalationsstufen. Diese helfen, ein Problem anzugehen, bevor es eskaliert. So schlimm ist es nun auch nicht; von Eskalation zu reden, wäre übertrieben. Harvard-Modell, Integration in der Konfliktlösung. Damit werden die beidseitigen Be-

dürfnisse erfasst, um sie zu erfüllen. Das ist für Hannes dann doch zu konsens- und kompromissorientiert. Von Bedürfnissen kann keine Rede sein, Mustermann muss einfach besser arbeiten. Dann findet Hannes noch GROW als Coaching-Modell. Coaching klingt gut und solide Fragetechniken faszinieren Hannes. Zirkuläre Fragen, Fragen nach der inneren Landkarte, hypothetische Fragen — das ist die Theorie. Das im GROW zu verknüpfen, ist dann aber doch zu kompliziert und erscheint dem Tatbestand nicht angemessen. Schließlich will Hannes keine Fragen stellen, sondern Mustermann sagen, was ihm wichtig ist. Da fällt Hannes noch etwas ein: die Kommunikation. In seinen Unterlagen stößt Hannes beim Wort „gewaltfrei" an die Grenzen seiner Vorstellung. Von Gewalt kann keine Rede sein. Und was, wenn das Gegenüber die Feedbackregeln nicht mehr kennt? Es ist zum Verrücktwerden. Nach zwei Stunden Vorbereitung holt sich Hannes einen Kaffee.

Beim Automaten steht Mustermann. Er telefoniert privat. Hannes schaut ihn verdattert an, Mustermann schaut zurück und fragt: „Passt Ihnen etwas nicht?" Hannes ist sauer und spontan entwischt ihm „Ja, dass Sie privat telefonieren und nicht arbeiten."

Hannes muss gerade sehr glaubwürdig gewirkt haben. Mustermann unterbricht das Gespräch und geht an den Arbeitsplatz. Hannes ist stolz, einen solch tollen Gesprächseinstieg gefunden zu haben. Mit gesundem Menschenverstand lässt sich vieles erreichen.

Hannes hat es wieder einmal gelöst – oder auch nicht?
Jetzt kann Hannes weiter vorbereiten. Den Einstieg hat er schon. Doch wie soll es weitergehen? Hannes' Pragmatismus kommt zum Vorschein: „Es kann ja sein, dass diese Bemerkung gereicht hat, damit Mustermann sich bessert. Geben wir ihm doch noch eine Chance." Zufrieden wendet sich Hannes dem Tagesgeschäft zu, im Wissen, ein Mitarbeiterproblem angegangen zu haben.

Wer ein Gespräch vorbereitet, sollte sich nicht nur überlegen, wie er es machen will, sondern auch den Zeitpunkt bestimmen. Am Anfang steht zunächst einmal das Timing: Wann soll es stattfinden?

In der Praxis werden sehr häufig konfrontative Gespräche zu lange vor sich her geschoben. Feedback hat aber möglichst zeitnah zu erfolgen! Das ist ein Grundsatz der persönlichen Rückmeldung. Wer etwas entdeckt, muss hinschauen und es ansprechen – sofort bzw. bei sehr ärgerlichen und damit emotionalen Situationen dann, wenn sich die Gemüter wieder etwas beruhigt haben. Niemand käme es in den Sinn, einem Kind zu sagen: Vorletzte Woche hast du aber nicht schön gegessen! Nicht, dass wir hier jetzt Mitarbeiter oder Kollegen mit Kindern gleichsetzen, aber so ganz anders funktionieren wir ja auch wieder nicht.

Einige Unternehmen gehen heute bereits so weit, dass die Jahresgespräche abgeschafft und durch Projekt-Feedbacks ersetzt werden. Sobald ein Projekt oder Arbeitsauftrag abgeschlossen ist, soll Rechenschaft abgelegt und über das Geschehene und Gelernte gesprochen werden. Jetzt gleich und nicht erst in einem Jahr. Bringt mehr und ist dabei auch viel effizienter.

Oft steht hier der innere Schweinehund im Weg, der einem einflüstert, „das lenkt sich schon wieder ein" ... – aber automatisch und einfach so erledigt sich das Wenigste. Eine Führungskraft ist nicht nur ein „Schönwetter-Vorgesetzter", sondern jemand, der hinschaut, anspricht und interveniert – sofort.

! Learnings

Im vorliegenden Fall ging es selbstverständlich auch darum, ein anspruchsvolles Gespräch gut vorzubereiten. Alltäglich ist es hoffentlich in der Regel auch nicht. Aber: Wer im Alltag und in der Kommunikation im Alltag keine oder falsche Signale aussendet, wird eines Tages nicht darum herumkommen, letztendlich solche einschneidenden Gespräche führen zu müssen.

Als Führungskraft ist es auf jeden Fall sinnvoll, auch im gelebten Büroalltag echt, authentisch zu bleiben und nicht nur einfach die „Rolle des netten Chefs" zu spielen und zu hoffen, dass sich allfällige Probleme von alleine lösen. Hier können kleine Signale im Flur durchaus anzeigen, dass eventuell mal etwas genauer hingeschaut werden sollte.

3.6.2 Kommunikation im Alltag – Gefühle ansprechen

Auf die Frage, welche Rolle Emotionen in der menschlichen Kommunikation spielen, folgt fast unweigerlich die Antwort, dass sich Emotionen und Ratio gar nicht trennen lassen. Ohne Gefühle kein Verstand.

Menschen sind keine Kommunikationsmaschinen

Gefühle und damit verknüpfte Erfahrungen sind in unserem Unterbewusstsein gespeichert, vergleichbar mit einer Art Zusatzarchiv für unser Gedächtnis. Die Vernunft kooperiert mit dem Gefühl. Fehlt Menschen der gefühlsmäßige Zugang, kann dies zu erheblichen Störungen führen. Vernunft und Gefühle sind also keineswegs unvereinbare Gegensätze, sondern vielmehr sich ergänzende Partner.

Diese Verknüpfung beeinflusst auch die Kommunikation zwischen den Menschen. Vereinfacht gesagt, vergleicht das Gehirn dabei ständig die aktuelle Situation mit den gespeicherten Informationen. Auf größere Ungereimtheiten reagiert es, indem es ein „komisches Gefühl" auslöst. Einen ähnlichen Hintergrund hat es, wenn zwischen zwei Personen „die Chemie nicht stimmt".

Unsere Emotionen sind Triebfedern unserer Kreativität und auch vieler Reaktionen und Entscheidungen. Übertragen auf die Alltagskommunikation bedeutet das:

> **!** **WICHTIG**
>
> Es gibt kein Handeln ohne Emotion.

> **●** **Hannes**
>
> **Hannes kommuniziert im Alltag … und entscheidet auch (Teil 4)**
> Montagmorgen 8 Uhr, noch bleibt eine Stunde bis zur Geschäftsleitungssitzung. Hannes hat seine Tagesordnungspunkte vorbereitet. Mitarbeiter sind keine ausgefallen, im Betrieb läuft alles. Eine gewonnene Stunde.

Der Seminarkatalog
Einzig eine offene Angelegenheit wartet noch auf die Erledigung. Bis Ende des Monats muss Hannes der HR-Abteilung seine Weiterbildungsbedürfnisse melden. Als Manager hat er Anrecht auf fünf Tage Weiterbildung aus dem hauseigenen Seminarprogramm. „Anrecht" ist die offizielle Formulierung, „Erwartung" steht subtil zwischen den Zeilen.
Hannes käme ohne Weiterbildung aus, aber imagetechnisch geht das nicht. Bucht er nur vier statt der erlaubten fünf Tage, werden Fragen laut. Gar nichts zu buchen, geht erst recht nicht. Also nutzt Hannes diese Stunde, um sich im Katalog schlau zu machen. Er blättert sich durch die Kategorien: „Management", „Kommunikation", „Persönlichkeitsentwicklung", „Verkauf", „Prozesse und Abläufe", „Software-Kurse", „Führung". Von vorn nach hinten, wieder nach vorn, dann nach Themen, die ihn interessieren. Nichts überzeugt ihn. Er beschließt, erst eine Anforderungsliste zu erstellen und dann das passende Seminar zu suchen.

Die Auswahlkriterien
In einer Excel-Arbeitsmappe gliedert Hannes die Kriterien unter den Überschriften „Must", „Wichtig", „Nice-to-have" und „Unter keinen Umständen". Das macht Sinn. Hannes spürt, wie gut ihm klare Strukturen tun, gerade um zentrale Entscheidungen zu fällen. Er schreibt seine Gedanken in einem Brainstorming-Prozess auf, bevor er sie in die passende Kriterienspalte in der Tabelle überträgt.

Inhaltlich ist Hannes offen. Eigentlich weiß er ja schon alles. Aber etwas Auffrischung tut immer gut. Er überlegt, welche Kriterien er einsetzen möchte und kommt auf keinen grünen Zweig. Die Excel-Entscheidungshilfe scheint hier nicht zu klappen.

Die Entscheidungsfindung
Kurzerhand verknüpft er die beiden Entscheidungsfindungswege miteinander (das hat er in einem Seminar gelernt). Er blättert den Katalog durch und setzt in die Tabelle die Vor- und Nachteile jener Kurse, die ihn am ehesten ansprechen.
Hannes ist stolz. So verbindet er Emotionales mit Rationalem. Die Impulse aus dem Katalog mit der Erweiterung der eigenen Gedanken. Denken und Schreiben, farbige Hochglanzbroschüre mit profan-frugaler Excel-Tabelle. Links der Tastatur der Katalog, die Hände bereit, um die Entscheidungskriterien einzugeben.

In der Rubrik „Persönlichkeitsentwicklung" findet Hannes das Seminar „Selbstmanagement": 3 + 1 Tag. Das gibt immerhin vier Tage. Das Hotel passt, Rollenspiele gibt es keine. Imagemäßig lassen sich hier tolle Geschichten erzählen und die anderen Teilnehmer damit beeindrucken. Gleichwohl kann er im Geheimen viel mitnehmen. Nirgends kann man Unvermögen und Verbesserungspotenzial so geschickt verstecken.

Das Seminartrauma

Ein Blick noch auf den Kursleiter. Och, das ist doch derjenige, der die meisten Seminare im Unternehmen anbietet. Immer das gleiche Ritual: Die ersten zwei Stunden Vorstellungsrunde mit Partnerinterview, dann die Erwartungen auf Karten schreiben, diese an die Pinnwand heften und nie wieder darauf zurückkommen. Auf Fragen wie „Was mache ich gegen zu viele E-Mails pro Tag?" gibt's keine Antworten, sondern eine Gegenfrage: „Was denkst du, dass du tun kannst?" Er erinnert sich an eine Situation in seinem letzten Seminar. In einer Feedbackrunde äußerte Hannes, dass er gerne Antworten auf seine Fragen hätte, nicht eine neue Frage. Das Feedback zu seinem Feedback kam prompt: „Hannes, spürst du den Rebell in dir? Was geschieht in diesem Moment in dir drin?" Worauf Hannes' Reaktion war: „Ich spüre nichts, mich nervt das einfach."

Die Diskussion lief eine Weile weiter. Denn die Gegenreaktion war nicht direkt, sondern wurde zum Kursthema stilisiert. „Erkennt ihr das rebellische Kindheits-Ich aus der Transaktionsanalyse? Geht noch einmal in die Gruppen und überlegt euch während der nächsten 60 Minuten, welcher Gegenpart aus der Transaktionsanalyse oder dem Neurolinguistischen Programmieren geeignet wäre, einen erwachsenen Menschen aus dem rebellischen Kindheits-Ich ins ausgeglichene Erwachsenen-Ich zu bringen, ohne ihn mit seinen Defiziten paradox zu konfrontieren." Dieser Kurs ist also auch nichts.

Das Image und das Budget

Hannes Gedanken drehen im Kreis. Auch zeitlich wird es langsam eng. Noch 15 Minuten bis zur Sitzung. Am liebsten würde er dem Kollegen aus HR gleich die Anmeldung mitgeben. Auch dies aus Image-Gründen, denn er wäre der erste aus der GL, der sich für einen Kurs entschieden hätte. Hannes könnte sich wieder einmal subtil als „Macher und Entscheider" positionieren. Dazu würde passen, wenn er sich für den Workshop „Entscheiden — schnell und richtig" anmelden würde. Das zeigt, dass ihm das Thema wichtig ist. Und die Tatsache, die Anmeldung als erster abzugeben, verdeutlicht, dass er auf höchstem Niveau Fortschritte machen möchte. Das macht Eindruck und verleiht Respekt.

Noch drei Minuten. Hannes spurtet in die Sitzung. Beim Tagesordnungspunkt „Weiterbildung für das Management" greift Hannes freudig zum ausgefüllten Formular. Der CEO gibt dem HR-Leiter das Wort: „Liebe Kolleginnen und Kollegen. Leider wurde aus finanziellen Gründen das Weiterbildungsbudget für die Kaderstufen 1-3 bis auf weiteres gestrichen." Und wer bezahlt Hannes' Stunde heute Morgen von 8 bis 9 Uhr?

Auch im Bereich der Weiterbildung stehen Emotionen an zentraler Stelle. Der Lernerfolg bzw. der Erfolg, das Erlernte sinnvoll in die Praxis umzusetzen, hängt von zahlreichen, vor allem auch emotionalen Faktoren ab. Diese wiederum können nur mit einer guten, gezielten Kommunikation natürlich gefördert werden. Dabei sind die Seminarleiter/Trainer gefordert, eine lernfördernde Atmosphäre mit wertschätzender Kommunikation zu schaffen. Nur wenn die „kommunikative Aura" stimmt, entwickelt der Mensch ein Gefühl für sich selbst und kann offen über sein Entwicklungspotenzial sprechen sowie dieses gezielt ausbauen.

Im Kontext der Führung stellt eine „Kommunikation des gegenseitigen Interesses" ein Gefühl der Verbindlichkeit her. Chefs und Chefinnen, die Mitarbeiter „einfach mal" in einen Kurs schicken, schaffen kein Gefühl der Verbindlichkeit. Der Mitarbeitende geht dorthin, genießt evtl. einfach den Tag, lernt im besten Fall etwas für sich, ohne das Thema jedoch dem Unternehmen dann zugänglich zu machen. Oder aber er fühlt sich den ganzen Tag gestresst, weil er nicht genau weiß, warum er überhaupt da ist.

Vorgesetzte können (auch informell, aber sie müssen es in jedem Fall tun) die Erwartungen vor der Weiterbildung kommunizieren. Insbesondere sollten sie sich aber nachher dafür interessieren, was der Kursteilnehmer wie und wo umsetzt. Hier entsteht ein durchaus positives Gefühl für den Mitarbeiter, wahr- und ernst genommen zu werden.

! Learnings

Manchmal machen sich Menschen das Leben schwerer als nötig. Warum alles via Kopf analysieren, wenn es auch mal einen intuitiven Bauchentscheid braucht? Alltagskommunikation funktioniert einfach nicht via Kopf, dafür ist sie zu schnell und zu spontan. Abgesehen davon sind gerade Seminare dazu da, einmal zu reflektieren, aus dem Alltag auszutreten, um dann mit neuen Perspektiven in diesem wieder kommunikativ positiv auf andere zuzugehen.

Ein vertrauensvolles Miteinander durch ernst genommene Emotionen

Schaffen Sie eine Atmosphäre des offenen und wertschätzenden Umgangs miteinander, der Platz für Ärger und Freude gleichermaßen lässt.

Wichtig ist das vertrauensvolle Miteinander. Nicht die gespielte Freundlichkeit ist entscheidend, sondern ehrlicher gegenseitiger Respekt und Kooperation. Dann finden sowohl positive als auch negative Gefühle Raum. Bei Beziehungsstörungen kann keine stressfreie Arbeitsatmosphäre entstehen. Nehmen Sie also Ihre positiven, aber auch die negativen Emotionen ernst. Durch diese Achtung können Sie lernen, Ihre Emotionen zu steuern und sie in einer souveränen Art und Weise zu zeigen.

Aber: Nicht alle Gefühle, die Sie empfinden, müssen Sie auch zeigen – die Dosis ist entscheidend. Schotten Sie sich nicht zu sehr ab. Wer nur auf sich selbst konzentriert ist, kann schnell im Frust landen. Kommunizieren Sie jedoch regelmäßig mit Ihren Kollegen und Vorgesetzten, beugen Sie dem negativen Gefühlsstau vor. Andererseits sollten Sie Ihren Gefühlen nicht immer freien Lauf lassen. Zuviel Offenheit macht verletzlich. Wie so oft gilt es auch hier, den goldenen Mittelweg zu finden. Dann lassen sich viele Jobkonflikte vermeiden, authentisch angehen und lösen.

Trotz des Wissens, dass menschliches Handeln ohne Gefühle nicht möglich ist, wird dieses Thema in der Arbeitswelt immer noch zu wenig beachtet. Und das, obwohl Gefühle direkte Auswirkungen auf die Leistung im Beruf haben. Dabei ist es unerheblich, ob sie privater Natur sind (Trauer, Liebeskummer, Liebesglück) oder beruflicher (übergangen werden, Lob, Auszeichnung). Wenig hilfreich ist das Verdrängen. Zwar bleiben die Emotionen unsichtbar, doch sind sie weiterhin da.

▶ **Fallbeispiel: Mangelnde Hygiene**

In einem strategisch wichtigen Projekt ist der Team- und Projektleiter verantwortlich für das fachliche Gelingen. Gute Leute aus der Linie werden zugewiesen. Monatlich wird der Geschäftsleitung in einer kurzen Präsentation über den Stand des Projektes berichtet. Daran beteiligt ist ein Mitarbeiter, der sich in Details der operativen Umsetzung sehr gut auskennt und auch jeweils die Power-Point-Präsentation zusammenstellt.

Auch Fragen der Geschäftsleitung beantwortet er souverän. Allerdings lässt seine äußere, sehr legere Erscheinung zu wünschen übrig und ... er riecht verschwitzt.

Lösungsansatz: Es gibt zwei Problemstellungen: Rückmeldungen zu Körperpflege und Aussehen sind sehr anspruchsvoll und sensibel und der Projektleiter ist kein eigentlicher, weisungsbefugter Chef. Er führt „lateral". Die Situation ist unangenehm, muss aber zur Sprache gebracht werden. Schlechter Geruch ist in unserer Kultur mit Ablehnung verbunden. Ein Gespräch über Körperpeinlichkeiten bricht ein Tabu. Es berührt und tangiert die Intimsphäre. Als eine Art Kollege (gleiches Geschlecht) ist es durchaus legitim, die eigene Unsicherheit anzusprechen: „Es fällt mir nicht leicht, ein etwas heikles Thema anzusprechen. Ich habe bei der letzten Präsentation bemerkt, dass dein Pullover nicht sauber war und unangenehm gerochen hat. Ist dir das bewusst?" Dass der Projektleiter hier keine Weisungsbefugnis hat, macht es zunächst einfacher. Ändert sich nichts, müsste er sich an den Vorgesetzten des Mitarbeiters wenden, es aber auch offen ihm gegenüber so kommunizieren. Eine laterale Führungskraft muss um ihre Kompetenzen wissen, aber ebenso um ihre Nicht-Kompetenzen.

Zahlen sind nicht alles

● Hannes

Hannes kommuniziert im Alltag ... smart (Teil 5)
Hannes brütet. Er muss ein Konzept zur „Messbarkeit von Soft-Factors und sozialen Zielen" erstellen. Gefühle sollen also messbar werden. Ein Auftrag der Geschäftsleitung, der auch privaten Nutzen bringt. Wie oft musste er schon seiner Frau erklären, dass er durchaus Gefühle habe, sie aber vielleicht nicht immer zeigen könne.

Die Sache mit der Skalierung
Er kennt die Fragestellung aus der Personalzufriedenheitsmessung. Mit einer Skala von 1-10 beantwortet man die Frage: „Wie wohl fühlen Sie sich an Ihrem Arbeitsplatz?" Aber ob dies vergleichbar ist? Jeder hat wohl andere Maßstäbe. Für den einen ist 8 hoch, für den anderen ist 6 nicht weniger hoch. Hannes kommt nicht vorwärts.

„Manchmal hilft eine Pause", denkt er und geht für das Mittagessen zum Italiener. Eine feine Pizza und ein halber Liter Montepulciano — das kann nur anregen. Lorenzo empfängt ihn herzlich: „Ciao Amico, come stai? Tutto bene? Eine schöne Platz für unsere Scheffe?" „Gerne", antwortet der hungrige Manager und blättert durch die 150 Sorten Pizzas und 140 Pasta-Gerichte. Nach drei Minuten erscheint Lorenzo wieder: „Haben Sie schon finden?" Hannes hat noch keine Ahnung. Aber als Führungskraft mehr als drei Minuten für die Menüwahl zu brauchen — so blamieren kann er sich nicht. „Ich nehme Pizza Prosciutto mit einer Zusatzportion Pilze, voraus einen kleinen Salat, Wasser und einen halben Liter Montepulciano." Lorenzo schaut ihn entgeistert an. „Sie mir sagen Numero bei die Essen, sonst kann ich nicht eintragen in Bestellung." Leicht enerviert formuliert Hannes sein Bedürfnis in chiffrierter Form. „Ich möchte Pizza 141 mit einer Extraportion 9, voraus 53 mit Sauce Nummer 3. Als Getränk bringen Sie mir 14 und einen halben Liter 311." „Perfetto così, ich bringen gleich", erwidert der charmante Kellner.

Die Erkenntnis nach dem Rotwein
Nach genossenem Mahl geht's ans Zahlen. Lorenzo steht mit Mini-Touch-Gerät und Eingabestift vor ihm. Hannes, nicht ohne Stolz, rezitiert seinen Verzehr. „Ich hatte 141 inklusive 9 dazu 53 mit 3, 311 und 14." Mindestens so zufrieden lässt Lorenzo in sportlichem Staccato seinen Stift über das Gerät tanzen. Das macht 19 Euro 90. Hannes legt einen 20 Euro-Schein hin und schenkt ihm die 10 Cent. 10 Cent für die durchschlagende Idee. Mit triumphierender Miene kehrt Hannes ins Büro zurück und setzt sich voller Tatendrang und Rotwein an das noch immer leere Word-Dokument.

Das gereifte Konzept
Hannes nimmt die Skalierung von Gefühlszielen auf, geht aber tiefer. „Sich wohl fühlen" soll mit klar messbaren Parametern nachzuweisen sein. Er findet dazu einen Artikel in einer Ärztezeitschrift: Der Wohlfühl-Koeffizient zeigt sich unter anderem in einem idealen Blutdruck. Er will dies mit Angaben über Atemfrequenz, Körpertemperatur und Adrenalinspiegel verbinden. Sich wohl fühlen heißt: Blutdruck 120/80 mmHg, rund 20 Atemzüge pro Minute und Adrenalin bis höchstens 110 nmol/Tag. Gleichzeitig darf die Körpertemperatur weder tiefer als 36,3 noch höher als 37,4 sein. Hannes hat das Konzept gefunden. Ein ärztlicher Kurzcheck macht „sich wohl fühlen" messbar.

Die sofortige Umsetzung

Hannes schreibt und schreibt, die Gedanken fließen nur so ins Dokument. Das reißt ihn ein Anruf aus der Arbeit. Seine Frau.

„Wo bleibst du?"

„Ich bin noch im Büro."

„Was glaubst du, wie ich mich fühle, wenn ich zu Hause stundenlang auf dich warte?"

„Wie du dich fühlst? Auf einer Skala irgendwo zwischen 2 und 8. Wenn du mir deine Körpertemperatur durchgibst, kann ich deine Frage viel genauer beantworten", gibt Hannes gut gemeint und etwas stolz zurück.

„Vergiss es! Bleib wo du bist — ich gehe mit Jacqueline weg. Ich brauch einen heißen Abend." Damit hängt sie den Hörer auf.

Nun ja, das Konzept ist nur fürs Büro gedacht ...

Das immer wieder gleiche Lied von der Messbarkeit von Soft-Zielen: Es wird verlangt, dass alles und jedes und immer in Zahlen messbar ist. Aus diesem Grund wird im Rahmen der SMART-Zielsetzung (**S**pecific **M**easurable **A**ccepted **R**ealistic **T**imely) mit einer Hilfsgröße gearbeitet. Bei „Soft-Zielen" kommt die Skalierung zur Anwendung. Zum Beispiel „Wie zufrieden sind Sie auf der Skala 1-10 mit Ihrem Kundenberater?" Das macht weiche Ziele oft klarer, vergleichbarer und auch ein Stück weit messbar. Das ist die gute Nachricht. Die andere ist, dass es subjektiv bleibt, was „zufrieden mit dem Kundenberater" heißt. Kriterien von „hat den Kunden begrüßt" in Ehren, aber die Wirkung beim Gegenüber ist so individuell und subjektiv, wie es verschiedene Menschen gibt.

Finden wir uns auch ein Stück weit damit ab, dass es Ziele gibt, die nicht einfach so in Zahlen gemessen werden können. Nicht alles auf der Welt kann gemessen werden! Eine nicht ganz einfache Botschaft im Zeitalter der grassierenden Controlling-Manie auf allen Ebenen. Aber auf der anderen Seite auch schön, es gibt einfach ein „schön", „gut" oder „gefällt mir". Das ist Realität und die ist sogar ziemlich genau messbar.

! **Learnings**

Wer Alltagskommunikation als ein analytisches Instrument zur Verbesserung der Kultur ansieht, wird Schiffbruch erleiden. Wer also immer nur kopfgesteuert kommuniziert, wird eher früher als später eine Bauchlandung machen. Und doch ist die Kommunikation im Flur entscheidend für das Betriebsklima. Zugegeben: Das ist schwer in Zahlen zu messen. Doch wer an einer positiven Alltagskommunikation arbeiten möchte, darf nicht vergessen, dass gerade diese Situationen praktisch vollumfänglich aus dem Bauch heraus entstehen. Daher Vorsicht vor zu viel Kopf! Arbeiten Sie lieber an Ihrer Einstellung, an Ihrer Präsenz (siehe Kapitel 3.5.1), als zu viele Vokabular-Zusätze auswendig zu lernen.

3.6.3 Kommunikation im Alltag – gestern Kollege, heute Chef

Die richtige Kommunikation ist die Paradedisziplin für einen guten Start als Führungskraft. Der Einstieg lässt sich später nur schwer korrigieren — im positiven wie im negativen Sinn. Wer im Vorfeld und in der Anfangszeit klar kommuniziert, legt den Samen für eine blühende Zusammenarbeit. Wer den Anfang vergeigt, wird schwere Wochen und Monate vor sich haben. Aufklärungsarbeit mit den ehemaligen Kollegen und künftigen Mitarbeitern ist der zentrale Schlüsselfaktor für eine Erfolg versprechende Teamarbeit. Im offenen Gespräch zum Start mit der ganzen Gruppe lässt sich die neue Rolle anschaulich vorstellen: nämlich dass man innerhalb der neuen Funktion eben nicht mehr nur Kollege, sondern auch Vorgesetzter ist. Da eine Führungsposition Konfliktpotenzial mit der Kollegenrolle in sich birgt, sollte auch angesprochen werden, dass es Situationen geben wird, in denen unliebsame Entscheidungen getroffen werden müssen. In der Verantwortung dem Unternehmen gegenüber wird es nicht ausbleiben, dass auch Maßnahmen umgesetzt oder kommuniziert werden müssen, die wenig kollegial wirken.

Sie haben es geschafft. Gratulation!

Ab sofort sind Sie „Chef" und verantwortlich für Ihr Team und seine Aufgaben. Dieser Karrieresprung verändert nicht nur Ihre Verantwortlichkeiten, sondern auch die persönliche Situation in der Unternehmenshierarchie. Die Situation ist im Grunde genommen eine Gute: Schließlich kennt man das nun zu führende Team aus der eigenen Zeit als Kollege. Das erleichtert einiges. Abläufe, Produkte und vieles andere sind vertraute Größen ... auch die ehemaligen Kollegen.

▶ **Fallbeispiel: Der ehemalige Kollege als Chef**

Das Verhältnis zu den Mitarbeitenden ist sehr kollegial, zum Teil kennt man sich schon sehr lange. Ein unkomplizierter Umgang ist dem Teamleiter sehr wichtig, schließlich war er selbst mehrere Jahre Teil dieses Teams. Doch jetzt entsteht das Gefühl, zu sehr „Kollege" zu sein. Das Gespräch mit einem auch privat gut bekannten Mitarbeiter fördert Grenzen dieser Art zutage. Die Arbeitsqualität der normalen Alltagsarbeit lässt zu wünschen übrig. Der Hinweis darauf führt zur Reaktion: „Warum hängst du jetzt plötzlich den Boss raus?" Ähnlich wird „hinten herum" geredet.

Lösungsansatz: Wird ein Kollege Vorgesetzter, freuen sich die Mitarbeiter oft, endlich einen Chef zu haben, den sie kennen und dem sie vertrauen. Zur Rolle eines Chefs gehört aber mehr. Er muss seinen Mitarbeitern beizeiten deutlich zu verstehen geben, dass er gerne Kollege im kollegialen Rahmen (Pausen, Feierabend) bleiben möchte, im Geschäft aber in erster Linie dem Unternehmen und seinem Auftrag verpflichtet ist.

Im Gespräch mit dem Mitarbeiter sollte gleich am Anfang die Rolle definiert werden: „Ich führe mit dir ein Gespräch als dein Chef." Und dann ist es wiederum Sache der klaren und wertschätzenden Kommunikation, hier einen gemeinsamen Weg zu finden. Das heißt, auszusprechen, dass die Arbeitsqualität nicht genügt, und den Mitarbeiter einzubinden: „Was meinst du, könntest du tun ..." Klare Vereinbarungen müssen getroffen werden, bei deren Nichteinhalten erneut das Gespräch zu suchen ist. Nicht warten oder einknicken — gerade in dieser Konstellation wäre das eine ungünstige Voraussetzung, wenigstens punktuell eine gewisse Distanz zu erreichen:

Mit der Beförderung warten bereits die nächsten Herausforderungen auf Sie. Als Führungsnachwuchs gilt es nun, die hohen Erwartungen, die in der neuen Position im Unternehmen an Sie gestellt werden, zu erfüllen. Dabei starten aus dem eigenen Team hervorgegangene Chefs nicht selten mit Vorschusslorbeeren. Doch gibt es auch frühere Kollegen, die mit dieser Wahl — aus welchem Grund auch immer — vielleicht nicht ganz zufrieden sind. Womöglich wären sie selbst gerne Teamleiter geworden. Neben den vielen positiven Aspekten einer internen Beförderung liegen hier die Hauptgefahren: Entweder wird zu viel Nähe erwartet („er bleibt ja ein Kollege von uns") oder das Pendel schlägt auf die andere Seite aus, auf der es aus Neidgründen sogar zu

Sabotagehaltungen kommen kann. Damit die neue Führungsaufgabe mit all ihren Chancen und Gefahren gelingen kann, sollte ein beförderter ehemaliger Kollege den folgenden fünf Aspekten besondere Aufmerksamkeit schenken und bei seiner Kommunikation und seinem Handeln berücksichtigen:

1. Innere Vorbereitung
   Wer eine Führungsaufgabe übernimmt, muss sich bewusst sein, dass die neue Rolle eine andere sein wird als die bisherige im Team. Zum einen heißt es, Verantwortung zu übernehmen, und zwar neben der fachlichen auch eine personelle. Das führt auf der anderen Seite nicht selten dazu, „Freunde" zu verlieren. Die Karte „everybody's darling" wird mit der Annahme des neuen Jobs abgegeben. Um den eigenen Standpunkt neu zu bestimmen und sich Klarheit zu verschaffen, hilft die ehrliche Beantwortung zweier Fragen:
   - Was will ich in dieser Position erreichen?
   - Was will ich nicht?
   Mit einer Führungsposition ist immer auch Macht verbunden. Doch der Begriff „Macht" ist oft negativ besetzt. Wichtig ist eine gesunde und positive Einstellung dazu. Nur wer sich dabei wohlfühlt, kann Macht annehmen und sie im positiven Sinn einsetzen.

2. Einzelgespräche
   Führen Sie möglichst früh Einzelgespräche mit allen Teammitgliedern. Später gibt es kaum mehr die Chance, die gegenseitigen Erwartungen so offen mitzuteilen. Jetzt ist der beste Zeitpunkt, miteinander über die gemeinsame Zukunft zu reden. Einzelgespräche vor dem Dienstantritt als Chef sollten insbesondere mit Teammitgliedern geführt werden,
   - denen man in engerer Freundschaft verbunden ist,
   - deren Loyalität womöglich fraglich ist.
   Ein ehrlicher Dialog kann sie jetzt ins Boot holen, während alles, was nicht auf den Tisch kommt, die künftige Arbeit unbequem begleiten und belasten wird. Auch eine Grüppchenbildung kann so vermieden werden. Doch nicht nur die eigene neue Rolle soll klar dargestellt werden. Mindestens ebenso wichtig ist es, auch den anderen gut zuzuhören, um deren Erwartungen wahrzunehmen. Am besten ist es, gemeinsam einen Weg zu finden, diese anspruchsvolle Situation zu meistern. Allerdings darf im Team kein Zweifel an der neuen Führungssituation aufkommen. Das lässt

sich durch festgelegte Spielregeln unterstützen. Zeichnet sich dennoch eine unlösbare Situation ab, heißt es handeln, bevor sie unerträglich wird und dauerhaften Schaden anrichtet. Zu den unangenehmen Anfangsaufgaben gehört es, hier unter Umständen bereits klare Entscheidungen zu fällen. Durch Hinausschieben wird es nur noch schwieriger.

3. Handlungen
   Als neue Führungskraft werden Sie an Ihren Handlungen gemessen. Es ist also nicht ratsam, am Anfang gleich alles auf den Kopf stellen zu wollen. Zu leicht passiert es, dass Unerfahrene sich in die berühmten Nesseln setzen. Besser ist es, die gute Arbeit des Teams unter dem Wirken des Vorgängers offen anzuerkennen und als Basis für Verbesserungen zu nutzen. Verschaffen Sie sich zunächst einen Überblick. Dann lassen sich Änderungen umso sorgfältiger umsetzen. Gerade weil der gute Draht zu den Mitarbeitenden bereits besteht, können diese frühzeitig und maßvoll in Entscheidungen mit eingebunden werden, ohne die Führungsrolle zu beeinträchtigen. Setzen Sie Ihre Vorstellungen Schritt für Schritt, aber konsequent um.

4. Rollenverhalten
   Auch das eigene Rollenverständnis im Alltag ist von Bedeutung: Wer zum Feierabendbier mitgeht, sollte auf dienstliche Gespräche verzichten. Die Chefrolle kann getrost an der Unternehmenspforte zurückgelassen werden. In geselliger Runde nach Dienstschluss ist der Kollege dabei, nicht der Chef. Es irritiert mehr, als es nützt, wenn sich die Rollen vermischen. Unter Umständen ist es aber sinnvoll, Anlässe und Feste etwas einzudämmen und nicht immer bei den Letzten zu sein, die ein privates Fest verlassen.
   Müssen dem Team Entscheidungen aus der Führungsrolle mitgeteilt werden, sollte das gerade in der Anfangszeit klar deklariert werden, zum Beispiel: „Auch wenn ich euch schon lange kenne, ich rede jetzt zu euch als euer Chef."
   Als nützlich erweist sich auch ein regelmäßig eingeholtes Feedback von gut bekannten und offen kommunizierenden Mitarbeitern. Das hilft, die neue Chefrolle zu justieren, bis sie eines Tages alltäglich und gewohnt für alle Beteiligten wird.

So gelingt der kommunikative Start als „Chef"

- Führungsrolle annehmen
  Nur wenn Sie auch die Verantwortung übernehmen, kann sich Ihre neue Position positiv entwickeln.
- Reden Sie drüber
  Sprechen Sie mit Ihren Mitarbeitern. Eine gute und regelmäßige Kommunikation hilft, Fehler zu vermeiden. Das gilt auch für Lob und konstruktive Kritik.
- Offen bleiben
  Blocken Sie neue Ideen und Verbesserungsvorschläge nicht ab. Mitarbeiter, die nur auf taube Ohren stoßen, bringen sich nicht ein.
- Entscheidungen treffen
  Selbstläufer gibt es nicht. Denn: Auch wenn Sie keine Entscheidung treffen, ist das eine Entscheidung! Dazu gehört auch einmal NEIN zu sagen.
- Konsequent bleiben
  Was Sie von anderen verlangen, müssen Sie auch selbst verinnerlichen. Wer Pünktlichkeit fordert, darf selbst nicht zu spät kommen.
- Klarheit schaffen
  Wo Menschen zusammen arbeiten, gibt es mitunter Konflikte. Stellen Sie sich auch kritischen Situationen.

● Hannes

Hannes kommuniziert im Alltag ... auch einmal Probleme (Teil 6)

Lustlos sitzt Hannes vor dem Computer. Die Zeit drängt. Als CEO muss er die Belegschaft heute Nachmittag über die missliche, finanzielle Lage des Unternehmens informieren. Diese nicht wirklich frohe Botschaft übertrifft noch die Ankündigung, dass ein großer Teil der Produktion nach Asien verlegt wird.

„Meine Damen und Herren, ich trete heute vor Sie, um Sie über eine einschneidende Maßnahme zu orientieren", beginnt Hannes zu tippen. „Treten" — das hört sich doch zu sehr nach „vor den Scharfrichter treten" an — zu dramatisch. Also direkter: „Meine Damen und Herren" — dies ist wohl etwas förmlich, distanziert, schießt es Hannes durch den Kopf. „Liebe Mitarbeiterinnen und Mitarbeiter." Genau, das drückt Wertschätzung aus, das steht so im Leitbild. Also: „Liebe Mitarbeiterinnen und Mitarbeiter, ich informiere Sie heute über eine einschneidende ..." — Nein, das gefällt Hannes nicht. „Einschneidende Maßnahme" klingt, als ob wir den Betrieb schließen müssten. Dabei verlagern wir nur dahin, wo die Märkte sind. Im Grunde gehen wir näher zum Kunden. Genau, „Kundennähe" möchten wir. Das hört sich nicht nach Abbau, sondern nach Aufbau neuer Distributionskanäle an. Hannes gerät in Fahrt.

„Liebe Mitarbeiterinnen und Mitarbeiter. Ich freue mich, Sie über unsere neue Strategie für mehr Kundennähe zu orientieren. Annäherung der Distributionskanäle ist das Rezept, das allerdings auch Opfer fordert." Nein, „Opfer" geht gar nicht. Change-Projekte sind „Chancen". „Wir haben die einmalige Chance, uns mit der Neuausrichtung im Markt besser zu positionieren." Ja, das passt. Es soll positiv klingen. Nichts von „gesundschrumpfen", das würde bedeuten, dass wir vorher „krankgewachsen" sind.

„Fokussierung auf die zentralen Kerngeschäfte" — ja, das muss rein. „Die Gründe für diese Neuausrichtungen sind vor allem Markteinflüsse aus Billiglohnländern." „Markteinflüsse" — Hannes streicht das Wort, es erweckt den Eindruck von Fremdbestimmung. „Wir passen uns dem technologisch-demagogischen Wandel an und sind in der Globalisierung ein aktiver Player." Das ist gut. Hannes spürt, dass es richtig ist, solche frohen Botschaften persönlich zu kommunizieren.

Das Rede soll noch angereichert werden mit ein paar wohlklingenden Adjektiven wie „nachhaltig", „ergebnisorientiert", „stufengerecht",

„win-win", „optimiert", „schlank" und unverzichtbaren Substantiven wie „State-of-the-Art", „Streitkultur", „Denkanstoß".

„Wenn wir noch ein stimmiges Rahmenmotto setzen", denkt sich Hannes, „wird die Stimmung heute Nachmittag diejenige des Jubiläumsevents toppen." Hannes denkt nach. „Fit-for-future", das klingt gut. Abgekürzt mit „fi-fo-fu" wirkt es weltoffen mit passendem Asia-Touch. Als Häppchen schweben Hannes „fi-fo-fu"-Spieße vor, die den Zusammenhalt der Mitarbeitenden nicht nur fördern, sondern auch symbolisieren. Wir kämpfen alle am gleichen Spieß, denkt er, stolz darauf, eine Redewendung gefunden zu haben. Mit diesen steht er nämlich normalerweise auf Kriegsfuß. „Wir schlagen punktgenau zu, dass es den anderen schmerzt und die fettesten Stücke hängenbleiben." Hannes ist überzeugt, dass er einen rhetorischen Joke landet. Mit Fisch für „fi", Fohlen für „fo" und Fuchs für „fu" findet er nicht nur die passenden Fleisch-Ingredienzen zu dieser kulinarisch-psychologischen Metapher, sondern auch den Symbolgehalt für die Neuausrichtung: Fisch für Anpassung, Fohlen für dynamisch, energetisch und schnell, Fuchs für schlau. Hannes ist mit sich zufrieden.

Auf dem Bildschirm steht nun: „Liebe Mitarbeiterinnen und Mitarbeiter. Ich freue mich, Sie über unsere neue nachhaltige Strategie für mehr ergebnisorientierte Kundennähe zu orientieren. Wir haben die einmalige Chance, uns mit einer stufengerechten Neuausrichtung im schlanken und optimierten Markt zu positionieren. Wir passen uns dem technologischdemagogischen Wandel an und sind in der Globalisierung ein aktiver Player. Dabei fokussieren wir uns vermehrt auf unsere Stärken und die zentralen Kerngeschäfte und schaffen mit dieser State-of-the-Art eine Win-win-Streitkultur, die uns eine Kultur der permanenten Denkanstöße verschafft. Deshalb freut es mich, Sie getreu unserem neuen Motto „Fi-Fo-Fu" (fit-for-Future) zu Fisch-, Fohlen- und Fuchs-Spießen einzuladen." Hannes schaut auf die Uhr — die Orientierung geht bald los und er muss noch den Fisch bestellen. Hoffentlich bekommt der auch allen.

Die Frage sei erlaubt: Wofür sind Worte in einer Sprache da? Richtig: Um etwas zu beschreiben — je genauer, desto besser. Worte sind Werkzeuge, um Gedanken zu übermitteln. Im vollen Bewusstsein, dass es schon rein theoretisch ständig zu Missverständnissen kommen kann (siehe auch Kapitel 2.1), sollen sie so gewählt werden, einen Umstand, einen Wunsch, eine Absicht, eine Information möglichst genau zu äußern. Das hilft zumindest, die Gefahr von Missverständnissen klein zu halten. Denn ausgeschaltet werden kann diese Gefahr ja nie. Aber es sollte nicht so sein, dass sie mit unklarer, unpräziser Wortwahl noch größer wird.

Um einen Nagel einzuschlagen, nehmen Sie den Hammer. Um klare Botschaften zu vermitteln, nehmen Sie klare Worte: Dies ist bei einer guten Kommunikation immer zu bedenken. Es darf nicht das einzige Kriterium sein, dass es „gut klingen" muss, sondern je ehrlicher, authentischer die Sprache ist, desto vertrauenswürdiger ist im Endeffekt auch die Beziehung zum Gegenüber. Und bei einer Mitteilung der Geschäftsleitung gegenüber der Belegschaft muss zwingend von „Beziehung" gesprochen werden. Schließlich handelt es sich dabei nicht um „Tagesgäste", sondern unter Umständen um Menschen, die schon ihr halbes Leben — also einen großen Teil ihrer Lebenszeit — in diesem Unternehmen verbracht haben. Und genau deshalb haben diese Offenheit, Transparenz, Berechenbarkeit und Echtheit verdient.

> **! Learnings**
>
> Die vorangegangene Hannes-Episode war ein gutes Beispiel besonderer Milieusprache. Die Milieusprache kann und darf einer Berufsgruppe Charakter geben, aber sie darf nicht dafür verwendet werden, „uncodierbare" Schlüssel zu verabreichen. Entscheidend ist nicht das eigene Milieu, sondern das des Gegenübers. Denn genau auf dieses Gegenüber kommt es bei einer gelungenen Alltagskommunikation an. Eine solche Rede kann ein Manager wohl richtig entschlüsseln, alle anderen jedoch nicht. Passen Sie Ihre Milieusprache dem Gegenüber an, er wird es Ihnen danken, weil er Sie schlichtweg besser versteht. Es ist ein falsch gemeintes Statussymbol, möglichst abgehoben zu reden ... schon gar nicht im Alltag auf dem Flur.

3.6.4 Kommunikation im Alltag – bei Konflikten

Konflikte sind alltäglich. Es gibt sie überall, wo selbstständige Menschen zusammen leben und arbeiten. Werden Konflikte kooperativ gelöst, bieten sie große Chancen für eine positive menschliche Entwicklung und sind wertvolle Quellen betrieblicher Fortschritte. Werden sie allerdings nicht erkannt oder sogar falsch gehandhabt, entstehen Konflikte immer wieder von neuem und können in einem Team verheerende Schäden anrichten. Führungskräfte sollten deshalb in der Lage sein, Signale rechtzeitig zu erkennen und eine wertschöpfende Lösung für alle Beteiligten zu begleiten.

Wann sprechen wir überhaupt von einem „Konflikt"? Ist er „nur" ein akutes Problem zwischen zwei Menschen, das plötzlich auftaucht? Eine immer wieder offensichtliche Spannung? Oder eher eine unterschwellige Angelegenheit, die die Betroffenen selbst klären müssen?

Nähern wir uns dem Thema Konflikte mit einer ersten Definition: „Soziale Konflikte sind Spannungs-Situationen, in denen zwei oder mehr Parteien, die voneinander abhängig sind, mit Nachdruck versuchen, scheinbar oder tatsächlich unvereinbare Handlungspläne zu verwirklichen und sich dabei ihrer

Gegnerschaft bewusst sind."[22] Wenn zwei oder mehrere Elemente gleichzeitig gegensätzlich oder unvereinbar sind, liegt also ein Konflikt vor.

Unterschiedlicher Verlauf

Konflikte können offen oder verdeckt sein. Um die Ursache eines offenen Konfliktes zu finden, ist es empfehlenswert, eine dritte unabhängige Person hinzuzuziehen. Schwieriger sind verdeckte Konflikte. Diese keimen zunächst langsam vor sich hin und sind, werden sie plötzlich zu einem offenen Konflikt, nur schwer unter Kontrolle zu bringen. Konflikte können sehr unterschiedlich verlaufen: Sind die Parteien — gerade zu Beginn — oftmals übermotiviert und bereit zur direkten Konfrontation, fühlen sich überlegen und wollen die andere Seite unbedingt überzeugen, ist der Konflikt hochgradig personalisiert. Hier ist es sinnvoll, zunächst die persönlichen Beziehungen zu klären. Erst wesentlich später sind die Parteien bereit, auf organisatorische Aspekte und Rahmenbedingungen einzugehen. Im weiteren Verlauf des Konfliktes sind die Parteien oft eher voneinander enttäuscht und glauben nicht mehr an eine Lösung, sie gehen einer direkten Konfrontation aus dem Weg und beziehen sich auf den „Dienstweg". Dann ist es wichtig, den Hang zur Isolierung und den gewohnten Rückzug zu unterbinden sowie die Parteien dazu zu befähigen, den Konflikt miteinander auszutragen. Gelingt es Führungskräften, die Parteien dazu zu bringen, die Verantwortung für die Folgen ihres (Nicht-) Handelns zu übernehmen, können diese vielleicht auch Phantasien entwickeln, wie es in nächster Zukunft weitergehen soll.

Was läuft bei Konflikten ab?

Konflikte können einen sehr unterschiedlichen Verlauf nehmen: Sie können lange oder kurz andauern, sie können sachlich oder aggressiv ausgetragen werden, sie können offen angesprochen oder indirekt angegangen werden. Trotz dieser Vielfalt lassen sich Vorgänge finden, die für das Verständnis aller Konflikte wichtig sind. Tritt ein Konflikt auf, so hat er meist die folgenden vier Phasen:

---

[22] Konflikt und Konfliktlösen, Bruno Rüttinger/Jürgen Sauer, Rosenberger Fachverlag, 2000.

1. Konfliktentstehung

   Sind die Meinungen, Interessen und Wünsche der einen Partei mit den Ansichten der anderen Partei nicht zu vereinbaren, gibt es einen „Zusammenstoß". Jede Partei möchte ihre eigenen Ziele und Bedürfnisse durchsetzen. Konflikte sind umso wahrscheinlicher,

   - je verschiedenartiger die fachlichen Kenntnisse und Erfahrungen der Mitarbeitenden sind,
   - je unklarer die Rollen, Funktionen und Kompetenzen für die Beteiligten sind und
   - je weniger die Ziele präzisiert, bekannt und verstanden werden.

2. Konfliktwahrnehmung

   Menschen nehmen Konflikte aus unterschiedlichen Perspektiven wahr. Eine sachlich richtige Beurteilung der Konfliktsituation ist dadurch oftmals schwierig. Woran lassen sich Konflikte erkennen? „Einige typische Konfliktsignale sind

   - schlechte Teamstimmung (aggressiver Kommunikationsstil, verhärtete Diskussionen, Killerphrasen, Themen werden zerredet, fehlende Kompromissbereitschaft);
   - sich zurückziehen (Weigerung, Aufgaben zu übernehmen und Verweis auf andere, Abwesenheit, Unaufmerksamkeit, Passivität, Vermeidung von Augenkontakt, Flucht in andere Arbeiten außerhalb des Projektes);
   - nicht eingehaltene Vereinbarungen (Unpünktlichkeit, Unzuverlässigkeit)".[23]

3. Konfliktanalyse

   „Wurde ein Konflikt wahrgenommen, ist eine gründliche Analyse erforderlich.

   - Wer ist am Konflikt beteiligt?
   - Um welchen Konflikt handelt es sich?
   - Wie wichtig ist die Streitfrage?

   Diese Einschätzungen nehmen großen Einfluss auf das Verhalten der Beteiligten. Wichtig ist, wie differenziert die verschiedenen Handlungs-

---

[23] http://winfwiki.wi-fom.de/index.php/Konflikte_in_Projekten

weisen wahrgenommen werden und wie realistisch die Konfliktursache beurteilt wird."[24]
Hüten Sie sich davor, einen Konflikt nur vom eigenen Standpunkt aus zu betrachten. Ein Perspektivenwechsel ermöglicht Verständnis für die unterschiedlichen Situationen und Sichtweisen der Konfliktpartner.

4. Konfliktreaktion/Handhabung
Konflikte können auf drei Arten reguliert werden:

- mithilfe von Macht (d. h. der mächtigere Konfliktpartner oder eine Drittpartei erzwingt eine Lösung; zu deren Durchsetzung stehen Machtmittel wie Gewalt, Geld, Beziehungen zur Verfügung);
- mithilfe des Rechts (d. h. es wird entschieden, wer im Recht ist; diese Verfahrensweise setzt Rechtsmittel und Instanzen voraus);
- unter Berücksichtigung von Interessen (d. h. die Konfliktpartner eruieren ihre tieferliegenden Wünsche, Ansprüche, Bedürfnisse und erarbeiten einen Interessensausgleich).

Nur Gewinner sind produktive Leistungsträger

Oft werden in der Praxis sogenannte Kompromisslösungen angestrebt. Das mag im Endeffekt als Resultat für viele sinnvoll sein — doch eine gute Lösung ist es nicht. Wenn der Kompromiss im Sinne von „treffen wir uns in der Mitte" bereits am Anfang feststeht, fehlt etwas Entscheidendes. Denn: Sobald wir uns über die wahren Bedürfnisse unserer Haltung unterhalten („warum bist du der Meinung, dass …"), können wir uns eine Ebene tiefer bewegen und oft einen sogenannten „dritten Weg" erarbeiten. Das geht nicht immer, aber wenn es geht, stellt dieser auch Konsens genannte Weg in der Regel beide Seiten zufriedener als der Kompromiss.

Wer eigene Verhaltensweisen erkennt und zugleich die Verschiedenheit akzeptiert, hat eine wertvolle Basis im Umgang mit Konflikten und Konfliktgegnern. Aktives Zuhören und Ich-Botschaften erleichtern das Erkennen der unterschiedlichen Standpunkte und Bedürfnisse.

---

[24] http://winfwiki.wi-fom.de/index.php/Konflikte_in_Projekten

Echte Konfliktlösungen kommen am ehesten zustande, wenn zwischen den Beteiligten kein Machtgefälle besteht. Konflikte werden durch Machtanwendung mehr unterdrückt als gelöst. Sie schwelen weiter und fordern zu immer neuer Machtausübung auf. Wer als Gewinner eines Konfliktes einen Verlierer zurücklässt, ist früher oder später selbst der Verlierer. Nur Gewinner sind produktive Leistungsträger. Das gemeinsame Suchen nach Lösungen, deren Beurteilung und gemeinsame Entscheidungen führen zu Konfliktlösungen, die von allen Seiten akzeptiert und mitgetragen werden.

Hannes

Hannes kommuniziert im Alltag ... in aller Eile (Teil 7)
Hannes ärgert sich. Er sitzt in seinem Büro am PC und muss die Aufgabe zur Vorbereitung der nächsten Sitzung in einem Word-Dokument aufsetzen, formatieren und möglichst vor Beginn des Meetings morgen früh um acht seinen Kollegen in der Geschäftsleitung zuschicken. Die Zeit drängt.

Etwas stimmt hier nicht
Er schreibt und schreibt, hastig hämmern die Finger auf die Tasten. Die Tastatur hat enorme Nehmerqualitäten. Andere hingegen fehlen ihr, etwa die Reaktionsgeschwindigkeit. Nach jedem Tastendruck dauert es rund zwei bis fünf Sekunden, bis der Buchstabe auf dem Bildschirm erscheint. Verzögerungstendenz zunehmend. Zwischendurch plumpsen ganze Sätze in einem Aufwasch auf den Bildschirm — mitsamt den erst nun zu sehenden Fehlern. Hannes knallt seinen rechten Zeigefinger rhythmisch und mit vehementem Druck auf „Löschen rückwärts" bis zur Korrekturstelle. Wobei auch dieses „Löschen rückwärts" sich um einige Sekunden homöopathischer gestaltet als beabsichtigt.
Mit erhöhter Nervenanspannung greift Hannes zum Telefonhörer und kontaktiert die firmeninterne IT-Hotline.

„Zurzeit sind alle Techniker besetzt. Wir bitten Sie um Geduld und um Verständnis für die kurze Wartezeit. Für eine Frage betreffend Büroautomatisierung wählen Sie die Taste 1, für SAP Taste 2, für Hardware und Standortfragen Taste 3, für Drucker- und Scanner-Probleme Taste 4" und so weiter. Taste 8 verspricht den Rückruf des persönlichen Beraters, der sich ungefähr eine Stunde später meldet.

Etwas hat er verpasst
Hannes, immer noch angespannt und mit manuellen Arbeiten abgelenkt, erklärt dem IT-Berater sein Problem. Dessen süffisantes Lächeln ist sogar telefonisch wahrzunehmen und bringt Hannes noch mehr auf die Palme. „Wir haben vor drei Tagen angekündigt, dass es heute ein Release des Office-Systems gibt. Es dauert noch bis fünf Uhr nachmittags. In dieser Zeit können die PC-Systeme nicht vollumfänglich benutzt werden. Aber morgen funktioniert alles wieder." Hannes ist wenig begeistert: „Davon höre ich nun zum ersten Mal." Der IT-Head-for-Specialist-Support-Dispatch-Manager meint patzig: „Stand im E-Mail vom Dienstag." Im Wis-

sen, dass die IT immer am längeren Hebel sitzt und die IT-Berater die wahren Manager sind, gibt Hannes auf.

Trotzdem sucht er verstohlen nach der entsprechenden E-Mail-Nachricht. Leicht beschämt findet er sie: ungelesen, eingetroffen am Dienstag um 09.01 Uhr. Er gibt sich geschlagen und meldet sich ab auf Kundenbesuch. Im Büro läuft ohne IT sowieso nichts.

Kurz nach fünf kommt er deutlich besser gelaunt zurück. Nun sollte die IT funktionieren. Meint er. Er startet den PC. „Das System steht zur Zeit nicht zur Verfügung", lautet die lapidare Botschaft. Dazu noch etwas kleiner im gleichen Fenster: „Bitte kontaktieren Sie Ihren Systemmanager." Hannes lässt sich das nicht zweimal sagen. Mit frischer Energie und ebensolchem Ärger greift er zum Telefon. „Herzlich willkommen beim IT-Service. Wir bedanken uns für Ihren Anruf. Die Supporthotline ist von 08.00–17.00 Uhr für Ihre Anliegen für Sie da. Für Anrufe außerhalb dieser Zeiten hinterlassen Sie eine Mitteilung oder senden Sie uns eine E-Mail-Nachricht". „Genau! Eine E-Mail-Nachricht senden, wenn das System außer Betrieb ist." Hannes spricht nur dann mit sich selbst, wenn seine Nerven blank liegen. Wie jetzt.

Etwas ist jetzt zu tun

Als Manager ist Hannes gewohnt, Entscheidungen zu treffen und zu handeln. Er nimmt sein Smartphone zur Hand und sucht in Software-User-Blogs nach Lösungen, wie man ein firmeninternes Office-System neu aufsetzt. „Die werden mich noch kennenlernen", entweicht ihm im Flüsterton, aber nicht ohne Ironie. „Aha, da ist es", wird Hannes fündig, knackt via Link die Schutzsysteme und deinstalliert das Office-Paket. Triumphierend stellt er fest: „Microschrott ist weg — selbst ist der Mann, gerade auch außerhalb der Bürozeiten." Er zieht die neuste Linux-Version herunter und knallt Apache-OpenOffice darauf. Nun kann er sein Dokument verzögerungsfrei schreiben. Es scheint bestens zu funktionieren — einzig der Drucker spuckt jetzt alles in japanischen Schriftzeichen aus.

Das Nervenkostüm von Hannes hängt an einem dünnen Faden. Doch weiter nach Lösungen suchend wird er seinem Ruf als „hartnäckiger Mann der Tat" gerecht. Er schreibt die Vorbereitungsaufgabe von Hand auf eine DIN-A4-Seite, scannt sie mit 600 dpi ein, speichert das Dokument als komprimierte jpg-Datei ab und druckt es aus. „Sieht doch perfekt aus", lobt er sich selbst, kopiert die Nachricht und legt sie den Kollegen von der Geschäftsleitung ins physische Postfach. Dabei verdrängt er den Gedanken, wie unerfreulich das Gespräch mit dem IT-Head-for-Specialist-Support-Dispatch-Manager wohl sein wird, wenn dieser ihn morgen von sich aus kontaktieren wird. Nun ja, business-is-business — wer nicht handelt, hat verloren.

Kommunikation im Konfliktfall ist etwas, das gerade in Alltagssituationen heikel ist. Die großen Streite werden oft unter Begleitung geschlichtet oder man bereitet sich gut vor. Aber einfach so den Konflikt zwischendurch anzugehen, braucht eine hohe Präsenz und die Fähigkeit, sich auch sehr schnell in den anderen hineinzuversetzen. Wie auch schon weiter vorne in diesem Kapitel erwähnt, heißt die Lösung, sich für den anderen zu interessieren.

Konflikte austragen heißt, zuerst auf die ständige Wiederholung des eigenen Standpunkts zu verzichten. Es handelt sich ja nicht um den Schaukampf einer politischen TV-Sendung. Viele offene Fragen sollen helfen, die andere Sichtweise zu verstehen: „Was war der Grund, dass …?"; „Aus welchem Grund ist diese Art für dich …?"; „Was erwarten Sie von mir?"; „Was sind Sie bereit, dafür zu tun, dass …" usw. Schon aufgrund der Antworten kristallisiert sich oft sehr schnell ein möglicher Weg oder zumindest sehr schnell eine denkbare Richtung heraus.

… und noch etwas am Rande zu dieser Hannes-Geschichte: IT

Teil 1:
Wohin gehen wir, wenn wir Zahnschmerzen haben? Klar, zum Zahnarzt. Wo, wenn das Auto mit einer Panne nicht mehr startet? Logisch, zur Kfz-Werkstatt. Wohin gehen wir, wenn mit unserem PC etwas nicht funktioniert? Selbst-ist-der-Mann, oder? Ich persönlich vertraue auch hier relativ schnell dem Spezialisten. Die Technik ist komplexer geworden, die Vernetzung macht ganze Systeme anfälliger. Ich würde mich hüten, da einzugreifen. Ich bin ein User — Sie auch?

Teil 2:
Liebe IT-Abteilungen im ganzen Lande: Ja, wir vertrauen Euch! Aber dafür haben wir eine Bitte: Behandelt uns wie Kunden und nicht, wie es hier und da noch vorkommt, wie Störenfriede oder solche, denen man gemäß ihrem innersten Wunsch den PC durch eine Schiefertafel ersetzen sollte. Wir alle leben gerne mit dem Computer, aber nicht immer gleich freiwil-

lig. Wir müssen und haben auch unsere Kernkompetenzen, die sind nicht zwingend die gleichen, die Ihr habt. Seid froh! Sonst bräuchten wir Euch ja gar nicht mehr. Und darum haben wir den Wunsch: Behandelt uns wie Kunden, die Euren Lohn bezahlen (was wir ja indirekt auch tun). Wartezeiten und „schnippische" Antworten mit Fachsimpeleien machen sauer und dienen auch unseren gemeinsamen Endkunden nicht.

Die Grundregeln des modernen Kundendienstes gelten auch hier: Service, Freundlichkeit und Wille, das Beste für den anderen anzustreben. Vielen Dank!

! **Learnings**

Zur Alltagskommunikation gehört in der heutigen Zeit auch das Beherrschen der Technik genau dort, wo Kommunikation eine Rolle spielt. Über das Für und Wider von Social-Media haben Sie in diesem Buch bereits das eine oder andere gelesen. Aber wer im Geschäftsalltag rundum erfolgreich kommunizieren möchte, kommt nicht darum herum, auch technische Mittel, wie z. B. E-Mail, dafür zu nutzen. Wichtig dabei ist, entsprechende Regeln zu kennen und anzuwenden. Via E-Mail-Kommunikation kann gerade im Alltag viel angerichtet werden. Geschriebene Worte sind oft Steine des Anstoßes für einen schwelenden oder entstehenden Konflikt. Das geschriebene Wort, wenngleich es nur am Rande unser klassisches Thema der Alltagskommunikation streift, hat eine deutlich längere Halbwertzeit, kann weiterverbreitet werden und letztendlich auch als Beweis dienen. Deshalb sollten Sie sich ganz genau überlegen, was Sie in welcher Form kommunizieren.

3.6.5 Kommunikation im Alltag – im Team

Nur wenige Menschen üben ihren Beruf als „Einzelkämpfer" aus. Teamarbeit ist heute ein wichtiger Teil der Wirtschaft und in vielen Unternehmen üblich, um Projekte abzuwickeln, Lösungen zu finden, Ziele zu erreichen, Kompetenzen zu bündeln. Entsprechend viele arbeiten in ein Team eingebunden, wobei das Team sehr unterschiedlich gestaltet sein kann, von einer mehr oder weniger ständigen (Unter-)Abteilung bis zur zeitlich begrenzt zusammenarbeitenden Gruppe für ein spezielles Projekt.

Was macht ein erfolgreiches Team aus?

Doch können Teams nur so gut sein wie die eingebundenen Mitglieder und deren Identifikation mit der Gruppe. Dabei spielt die interne Kommunikation, also die Verständigung der einzelnen Gruppenmitglieder untereinander, eine nicht zu unterschätzende Rolle — für den Erfolg bzw. Misserfolg sowohl des Gesamtteams als auch des Einzelnen. Andererseits kann ein ausgeprägtes „Wir"-Gefühl verhindern, dass neue Teammitglieder integriert werden.

Ein Team ist keine statische Einheit. Es lebt aus der Kombination unterschiedlicher, sich ergänzender Mitglieder. Häufig zur Erreichung eines bestimmten Ziels gebildet, sind solche Arbeitsgruppen nicht automatisch auf Dauer angelegt, sondern werden entsprechend den unternehmerischen Belangen und Notwendigkeiten immer wieder neu gestaltet. Damit ein neu zusammengestelltes Team erfolgreich aktiv werden kann, sollten folgende fünf goldene Regeln beachtet werden:

1. Klare Zielsetzung

Die Zusammenführung verschiedener Fachkompetenzen erfordert Sensibilität. Bereits mit einer klar formulierten Zielsetzung sowohl hinsichtlich des erwarteten Ergebnisses als auch der Zusammenarbeit untereinander wird die Basis für eine aktive Teamkultur geschaffen.

2. Gemeinsame Werte und Kultur

Ein gutes Team entwickelt sich individuell. Es geht nicht darum, die Kultur eines vorherigen Teams zu werten oder zu übernehmen. Entscheidend ist, dass eine neue Art des Zusammenwirkens definiert und ein gemeinsames Verständnis für die neue Situation geschaffen wird. Übereinstimmende Wertvorstellungen, Grundsätze und Denkweisen beeinflussen und prägen das Verhalten innerhalb des Systems.

▶ Fallbeispiel: Wenig Freude bei der Arbeit

Ein Team leistet wirklich sehr gute Arbeit mit wenig Fehlern und hoher Effizienz. Trotz der sauber eingehaltenen Prozesse spürt der Teamleiter, dass besonders im Bereich Service Kunden zwar mit Namen begrüßt und verabschiedet werden, jedoch wenig Begeisterung für die Thematik „Kundenzufriedenheit" zu spüren ist. Bei der regelmäßigen Thematisierung in den Teamsitzungen fallen Aussagen wie „Ja, wir geben doch alles" oder „Der Kunde erhält immer, was er will". Doch mit einer greifbaren Kultur der Kundenorientierung identifizieren sich die Mitarbeiter nicht. Leitbild hin oder her – das Herz macht nicht mit, oft fehlt die Geduld für ein bisschen mehr als nur korrekte Abwicklung. Zufällig aufgeschnappte Pausengespräche wie „Was sollen wir denn noch alles für die Kunden tun? Zwischendurch müssen wir auch mal arbeiten" sollten zu denken geben. **Lösungsansatz**: Der Kunde soll erleben, dass er willkommen ist. Es ist eine empirische Wahrheit, dass „Beziehungen" zu mehr als zwei Drittel über Emotionen gesteuert, diese aber wiederum fast vollumfänglich durch Körpersprache und Stimme übermittelt werden. Messen lässt sich das allerdings nicht. Es ist Ansichtssache und Wahrnehmung. In diesem Fall ist die Ansicht des Führungsverantwortlichen der Maßstab. Welche denn sonst? Im Gespräch mit dem einzelnen Mitarbeiter sollte klargestellt werden, dass zwar faktisch alles bestens läuft, aber seine Tonart nicht gefällt. Der Vorgesetzte muss SEINE Erwartungen konkret kommunizieren, z. B. was ER unter Herzlichkeit gegenüber dem Kunden versteht und den Mitarbeiter ggf. auch einmal persönlich begleiten. Gemeinsam vereinbarte Soft-Ziele und ein regelmäßiges positives Feedback vom Vorgesetzen und bald auch von begeisterten Kunden helfen, eine innere Freude zu wecken.

3. Loyale Zusammenarbeit

Indem jeder einzelne Teambeteiligte bereit ist, seine Loyalität in die neue Organisation einzubringen, kann ein neues Bewusstsein geschaffen und auch gelebt werden. Diese Motivation und das innere Engagement müssen aber ständig gepflegt werden. Erst dadurch wird eine Identifikation mit der Gruppe möglich.

4. Offene Kommunikation

Entscheidend für den Teamerfolg ist eine offene Kommunikation. Wir reden miteinander! Das heißt, dass Ursachen ebenso miteinander geklärt wie Lösungsvorschläge gemeinsam gefunden werden. Sachliche Informationen über Hintergründe sind unerlässlich, um auch Emotionen richtig einordnen und verstehen zu können.

5. Wertschätzender Umgang mit Konflikten

Trotzdem werden Konflikte nicht ausbleiben, die aus unterschiedlichen Zielvorstellungen der Beteiligten resultieren. Diese gilt es zu erkennen und zu analysieren. Da ein Konflikt nur selten ein plötzliches Ereignis ist, können durch Aufmerksamkeit und rechtzeitiges Feedback in den meisten Fällen eine Eskalation und schwerwiegende negative Auswirkungen vermieden werden.

Die Kunst des einfühlsamen Zuhörens

Empathie ist nur mit einer wertfreien Wahrnehmung möglich. Das dafür erforderliche einfühlsame Zuhören kann in drei unterschiedlichen Formen erfolgen:

– In der einfachsten Art und Weise wird das, was der Gesprächspartner gesagt hat, wiederholt.
– Im zweiten Fall wird der Inhalt in eigenen Worten wiedergegeben.
– Und in der umfassendsten Variante werden die Gefühle und Bedürfnisse des Gegenübers direkt ausgedrückt.

Voraussetzung für das einfühlsame Zuhören ist der Wunsch, den anderen und sich selbst wirklich zu verstehen. In Unternehmen sollte daher unbedingt die Möglichkeit geschaffen werden, sich mehrmals im Jahr zu Einzelgesprächen und zum Austausch im Team zusammenzufinden. Die Art des Zuhörens entscheidet über die Effektivität und den Erfolg der Zusammenarbeit. Nur wer sich auf die eigenen Bedürfnisse und Gefühle sowie auf die des Gegenübers einlässt, kann verhindern, dass sich das Gespräch in verbalen Angriffen verliert und im Konflikt endet. Wer mit dem Urteils-Ohr statt dem Empathie-Ohr zuhört, will letztlich Recht haben, gewinnen und abwehren. Gute Zusammenarbeit jedoch erfordert Mitgefühl.

Die sogenannten weichen Kostenfresser

Oft ist es nicht die Herstellung von Produkten oder das Bereitstellen von Dienstleistungen, was das unternehmerische Handeln so teuer macht. Die entscheidenden Kostenverursacher liegen in zwischenmenschlichen Beziehungen. So können unter Umständen einige Minuten Ärger viel mehr Geld kosten als ein ganzer Monat oder sogar ein Jahr Arbeitsstunden, etwa wenn der Unmut zu einer gravierenden Fehlentscheidung führt. Andere weiche Kostenfresser sind die Schwierigkeit, nicht Nein sagen zu können, unterlassenes Delegieren, falsch praktizierte Kritik, das Verlieren in Selbstvorwürfen oder fehlende Wertschätzung.

All diesen Aspekten gemeinsam ist, dass unreflektierte Handlungen — etwa wenn man seinem Ärger Luft macht oder man Aufgaben lieber selbst erledigt — vielleicht im ersten Moment Erleichterung bewirken, auf Dauer jedoch nur Frust und Missverständnisse auslösen. Um hohe Kosten und unnötigen Zeitaufwand zu vermeiden, ist es daher unerlässlich, sich diesen Verhaltensweisen zu stellen, d. h. sie wahrzunehmen und zu verstehen, dass die Ursache für Ärger oder Selbstvorwürfe in der eigenen Denkweise und den persönlichen Bewertungen liegt. Dadurch lassen sich die eigenen unerfüllten Bedürfnisse erkennen und man kann das negative Gefühl in Verständnis verwandeln. Die sich daraus ableitenden Bitten — gemäss dem vierten Schritt der wertschätzenden Kommunikation — eröffnen konkrete Ansätze zur Beseitigung der Konflikte. Der Erfolg der Zusammenarbeit ist vielleicht nicht immer sofort sichtbar, aber er wird von allen gefühlt.

Hannes

Hannes kommuniziert im Alltag … kreative Lösungen (Teil 8)

Hannes' Befürchtung ist wieder einmal eingetroffen: Nach der Geschäftsleitungssitzung am Montagmorgen ist nach seinem Empfinden wieder einmal *er* derjenige, der die meisten Aufträge zurück an den Arbeitsplatz nimmt. „Immer ich." Im Grunde mag er solche Aussagen von seinen eigenen Mitarbeitern überhaupt nicht. Aber wenn *er* sich in dieser Rolle wiederfindet, ist das natürlich etwas anderes.

Das neue Sparprogramm

„Immer ich", denkt er, als der Vorsitzende vorschlägt, Hannes damit zu beauftragen, nach weiteren Kosteneinsparungsmöglichkeiten im Unternehmen zu suchen. Die Kollegen der Geschäftsleitung stimmen dem Vorschlag zu. Die einzige Gegenstimme, diejenige von Hannes, vermag das demokratische Ungleichgewicht nicht zu kompensieren. Beim unausgesprochenen Besprechungspunkt „Arbeit verteilen" werden Kollegen zu Konkurrenten — egal auf welcher Hierarchiestufe.

Hannes kann nur verlieren

Hannes ist sich bewusst, dass „Intern sparen" ein anspruchsvolles Thema ist. Er kann nur verlieren. Findet er zu wenige Maßnahmen, beschleicht den Geschäftsführer womöglich das Gefühl, aufs falsche Spar-Ideen-Pferd gesetzt zu haben. Findet er genügend und griffige Maßnahmen, macht er sich bei allen unbeliebt, bei denen eben diese Maßnahmen angewendet werden. Das sind angesichts der aktuellen Finanzlage des Unternehmens nicht wenige.

Die Finanzlage ist schon lange unerfreulich. Nach harten, einschneidenden, aber ertragsreichen Sparaktionen wie Produktion optimieren, Personal abbauen, Kosten der Lieferanten drücken sind die großen Brocken bereits abgespeckt. Es gibt nichts mehr, wo nennenswerte Beträge optimiert werden können. Gleichwohl ist die finanzielle Schräglage des Unternehmens nach wie vor brisant.

Hannes brütet: „Wo können wir sparen, ohne dass es weh tut?" Genau das ist der Schlüssel für seinen persönlichen Erfolg in diesem Projekt, durchzuckt es ihn. Klare Einsparungen, ohne dass er es mit der Belegschaft oder mit den Kollegen in der Führungsebene verspielt.

Hannes kopiert das System von den Vögeln

Hannes hängt seinen Gedanken nach und erblickt im Innenhof des Firmengeländes einen Vogel — einen richtigen. „Genau — der Vogel ist mein Vorbild." Dieser holt sich seine einzelnen kleinen Körner an vielen Plätzen, trotzdem wird der Vogel satt. „Kleinvieh macht auch Mist", erinnert sich Hannes an den Lehrsatz aus seiner Führungsausbildung. Im aktuellen Kontext seiner Firma findet er eine buchstäbliche Anwendung. Ausgestattet mit der Smartphone-Kamera macht Hannes sich auf durch seinen Büroalltag, durch die Gänge, in die Betriebskantine und überall findet er „Sparkörner".

Hannes berechnet die Details

Etwa die Kaffeemaschine. Wenn der Kaffee mit etwas mehr Druck in die Tassen katapultiert wird, ähnlich dem Tankvorgang in der Formel 1, sparen wir Zeit. Hannes notiert: Bei rund 2000 Kaffeeausgaben pro Tag und einer eingesparten Sekunde pro Ausgabe ergibt dies 2000 Sekunden pro Tag, 440.000 Sekunden pro Jahr oder 122 Arbeitsstunden. Beinahe ein Monatspensum. Wenn zusätzlich zwei Kaffeetassen gleichzeitig abgefüllt werden, ergibt es zwei Monate.

Hannes geht aufmerksamen Schrittes durch die Gänge. Die Toiletten. Ein zu beliebter Aufenthaltsort, den wir unattraktiver gestalten müssen.

Schnellere Spülvorgänge, den Timer beim Händetrockner eine Sekunde kürzer einstellen, die automatische Beleuchtung etwas dimmen und die Zeitspanne verkürzen: „Das ist Potenzial von sicherlich noch einem Monat pro Jahr."

Hannes wird kreativ

Stolz, Maßnahmen gefunden zu haben, die niemanden schmerzen und gleichwohl wirken, wird Hannes noch kreativer. Den Aufzug beschleunigen, das quittierende Pieps der elektronischen Arbeitszeitkontrolle weglassen, weil die Leute dort sowieso zu lange stehenbleiben und selbstverständlich schnellere Computer-Mäuse. Der Katalog wächst und Hannes rechnet die eingesparten Sekunden fein-säuberlich in gesparte Personen-Tage um. Wenn man nun noch mit dem Bäcker der Pausenbrötchen ein Abkommen schließt, dass er zwei Prozent mehr kostenlose Luft im Mehl verwendet und dafür die Semmeln zwei Prozent günstiger bäckt, erreicht Hannes' Maßnahmenkatalog schon fast strategische Ausmaße. Sein Triumph bei der nächsten Geschäftsleitungssitzung scheint ihm sicher. Mit siegesgewissem Lächeln und zufrieden mit seiner eigenen Cleverness beginnt er seine Präsentation vorzubereiten. Um fundiert zu argumentieren, wiegt Hannes die Einsparungen gegen das auf, was seine Recherchearbeiten und den Aufwand wie z. B das Verhandeln mit dem Bäcker oder die Neuinstallation der Hochkompressor-Kaffeemaschinen-Pumpe kosten. Hannes staunt über die Zahl, die recht hoch ist. „Aber wer etwas erreichen will, muss auch investieren." Trotzdem: Die eingesparte Zeit minus gerechnete Aufwandszeit ergibt ein Ergebnis von total 381.741 Sekunden pro Jahr. Macht ziemlich genau 100 Stunden. Bei einer Belegschaft von 2000 Personen macht das stolze 0,26 Prozent. „Na ja … man kann vielleicht bei den Planungsarbeiten noch etwas einsparen, indem die Worte in der Präsentation nicht ganz ausgeschrieben werden."

„Kleinvieh macht auch Mist", das stimmt. Deshalb soll es bei Sparmaßnahmen so sein, dass auch kleine Details Beachtung finden, denn in der Summe macht es dann oft doch einiges aus. Nichtsdestotrotz sollten wir beachten: Schlussendlich bringen die großen Dinge viel; die kleinen unter Umständen auch, dagegen können letztere aber oft auch Schaden in der Mitarbeitermotivation anrichten. Somit wird nicht nur fast nicht eingespart, sondern durch abnehmende Produktivität und Motivation der Mitarbeiter meist ein noch größeres Manko geschaffen.

„Es gibt keine Äpfel mehr im Kursraum", ordnete ein solches Sparunternehmen an. Fortan waren die Äpfel das Hauptthema in den Kaffeepausen, die Motivation sank und eingespart wurden ein paar lächerliche Euros. Nicht auszudenken, was herausgekommen wäre, wenn man die deswegen gesunkene Effizienz und Motivation ebenfalls in Euro berechnet hätte. Es ist stets auf das Maß zu achten — das ist zwar nicht neu, aber immer noch nicht veraltet!

! Learnings

Es geht um Alltägliches, um vermeintlich kleine Aspekte, die im Unternehmen verändert werden. Sehr häufig sind das aber schlussendlich wieder Steine des Anstoßes, schlecht über etwas zu denken oder negativ darüber in der Betriebskantine zu reden. Hier gelten zwei Regeln: Wer initiiert, muss kommunizieren. Und: Wer Hintergründe eines Entscheides nicht kennt, soll nachfragen. Und nicht in der Flurgerüchteküche eine Begründung entstehen lassen ...

3.6.6 Kommunikation im Alltag – mit Kunden

Kunden sollen im Alltag anhand einer konstruktiven, wertschätzenden Kommunikation spüren, dass sie als Kunden willkommen sind. Einfach so, auch wenn sie keine Beanstandung oder Spezialwünsche haben — gelebte wertschätzende Kommunikation im Alltag hilft, dass Kunden begeistert oder weniger schnell bzw. stark verärgert sind, wenn einmal etwas schiefgehen sollte.

Auch hier elementar: Das Prinzip der wertschätzenden Kommunikation

Ein Weg, dies zu realisieren, ist auch im Kundendialog eine einfühlsame Gesprächskultur. Das setzt voraus, dass niemand auf andere Macht ausübt, sondern dass alle gemeinsam an der Macht beteiligt sind. Diese sogenannte wertschätzende Kommunikation basiert auf den humanistischen Ansätzen der amerikanischen Psychologen Marshall Rosenberg und Carl Rogers. Die Methode geht davon aus, dass menschliches Verhalten immer auf dem Streben nach Erfüllung der eigenen Bedürfnisse beruht. Daraus leiten sich einige weitere wichtige Annahmen ab:

- Verbale Angriffe in jeder Form spiegeln unerfüllte Bedürfnisse wider.
- Menschen sind anderen nicht grundsätzlich feindlich gesinnt, aber sie arbeiten in erster Linie an der Erfüllung ihrer eigenen Bedürfnisse.
- Menschen helfen gerne freiwillig anderen, wenn es den eigenen Bedürfnissen entspricht.

Die Berücksichtigung dieser Thesen führt zu einer Kommunikation, die die Menschen nicht länger trennt, sondern sie auf der Grundlage des gemeinsamen betrieblichen Anliegens verbindet. Und das Beste daran: Diese Art der Kommunikation spart sogar Geld. Denn schlechte Stimmung führt nicht nur zu Unzufriedenheit, sie verursacht auch Kosten, etwa durch mangelnden Einsatz oder einen schlechten Ruf bei Kunden. Wer das verhindern will, muss sich von dem seit Jahrzehnten praktizierten Kommunikationsstil von Befehl und Gehorsam lösen. Eine Kultur, in der Druck und Angst herrschen, bringt stets zweitklassige Ergebnisse hervor. Ganz anders sieht es in Unternehmen aus, in denen alle Mitarbeiter das Gefühl haben, etwas bewegen und ihre Individualität entfalten zu können.

Die Bedeutung der Empathie

Gefühle bestimmen das ganze Leben der Menschen, privat wie beruflich. Dennoch wird immer wieder der Versuch unternommen, sie im Geschäftsalltag zu ignorieren. Doch Teams, Kundenbeziehungen und ganze Unternehmen sind — wie bereits in Kapitel 3.6.2 angeführt — nur dann effektiv, wenn Emotionen offen angesprochen werden und ein Verständnis für die Erfahrungen und Sichtweisen anderer Menschen vorhanden ist. Oder noch deutlicher gesagt: Einer der entscheidenden Erfolgsfaktoren in der Wirtschaft ist das Einfühlungsvermögen jedes Einzelnen. Die Forderung nach Selbstverantwortung sollte daher immer mit dem Aufruf zur Selbstempathie verknüpft werden. Letztere bezeichnet vor allem ein Gespür für die Signale des eigenen Körpers und die kritische Wahrnehmung eigener Urteile über andere.

Verständnis für andere können Sie erst entwickeln, wenn Sie die eigene Person verstehen. Erst dann können Sie mit dem Gegenüber völlig ohne Bewertungen, Manipulationsversuche, Überstülpen von Ratschlägen oder Rechtfertigungen interagieren. Empathie ermöglicht Ihnen, sich in die Lage des anderen hineinzuversetzen, und das schafft Vertrauen. Zusammenarbeit wird auf diese Weise kreativer und Kundenkontakte werden zuverlässiger.

Positive Formulierungen

Im Alltag wird gerne negativ formuliert — nachfolgend finden Sie Beispiele. Versuchen Sie doch einfach, die mittlere Spalte mit besseren, positiveren Lösungen zu füllen. Sie werden sehen: Mit nur wenigen Änderungen wird Ihr Alltag freundlicher. Für die „Wirklich-jetzt-was-lernen-Wollenden": Sie können die Lösungsspalte ganz rechts abdecken und erst einmal selber denken:

Negative und positive Formulierungen

Kunde	Lösung 1/Antwort	Optimierte Lösung
(aktiver Anruf zum Kunden)	Guten Tag, ich muss mit Herrn xxx reden.	... darf ich mit Herrn xxx sprechen?
Sie haben ja höhere Preise, das gibt's doch nicht.	Das haben Sie doch sicher in unserem Brief gelesen.	Wie wir Ihnen bereits mitteilen durften ... *oder* Allenfalls haben Sie es bereits in unserem Brief gelesen ...
Warum liefern Sie mir die bestellte Ware nicht?	Sie haben die Rechnung nicht bezahlt.	Ihre Rechnung ist bei uns noch offen.
Kann ich das gleich bei Ihnen bestellen?	Das müssen Sie schriftlich machen.	Dürfen wir Sie bitten, das noch schriftlich zu bestätigen?
Ich hab hier noch einen Antrag	Da fehlt noch die Unterschrift.	Können Sie mir hier noch unterschreiben?
Ich habe die falsche Information erhalten.	Welche?	Um welche Information handelt es sich?

Kunde	Lösung 1/Antwort	Optimierte Lösung
Kann ich Herrn/Frau xxx sprechen?	Nein. Ist nicht da. *oder* Kommt heute nicht mehr. Hat eine Sitzung. *oder* Ist besetzt. Wollen Sie es Montag nochmals versuchen?	Ist heute leider abwesend, darf ich ihm etwas ausrichten oder kann er Sie am Montag zurückrufen?
Ich möchte meine Debit-Karte wiederbekommen.	Zuerst müssen Sie natürlich einbezahlen, sonst erhalten Sie Ihre Karten nicht.	Sobald Sie einbezahlt haben, senden wir Ihnen Ihre Karten zu.
Ich wünsche Auskunft über das neue Angebot.	Moment. Über was?	Was darf ich für Sie tun?
Können Sie mir sagen, wann ich meine letzten Bezüge gemacht habe?	Da müsst ich schnell nachschauen.	Ich schau gerne für Sie nach.
Darf ich Sie heute nochmals anrufen?	Ja gerne, aber ich bin ab 18.00 Uhr weg.	Natürlich, ich bin gerne bis um 18.00 für Sie da.
(am Telefon nach Wartezeit)	Sind Sie noch da?	Herr X?
Das bin ich gar nicht zufrieden.	Sie müssen halt entschuldigen.	Wir bitten Sie um Entschuldigung.
Ich habe einen neuen Anschluss	Was brauchen Sie?	Was dürfen wir für Sie tun?
Ich sollte noch etwas abholen.	Sie müssen noch unterschreiben	Sie dürfen hier noch unterschreiben.
Was ist der Preis?	Ist ein sehr billiges Angebot.	Ist ein sehr günstiges Angebot.
Wenn wird die Ware geliefert?	Sie müssen sich noch gedulden.	Dürfen wir Sie noch ein paar Tage um Geduld bitten?
Können Sie mir das bis heute Abend liefern?	Das ist unmöglich, das geht nicht.	Ab morgen können wir Ihnen das gerne zustellen

Hannes

Hannes kommuniziert im Alltag ... ein neues Leitbild (Teil 9)

Hannes kehrt an seinen Arbeitsplatz zurück. Die vergangenen beiden Tage verbrachte er in einem angenehmen Seminarhotel in einem Klausurworkshop. Teilnehmer waren die Mitglieder der Geschäftsleitung. Sie hatten sich aus dem hektischen Alltag zurückgezogen, um ein neues Leitbild zu erarbeiten.

Die Leitbild-Erarbeitung

Das war auch bitter nötig, nachdem sich das Unternehmen stark verändert hatte: Auslagerung der Produktion und Stärkung der beiden Kernkompetenzen Verkauf und Marketing. Das hört sich zwar gut an, dessen ist sich Hannes bewusst. Im Endeffekt bedeutet es aber, dass ein Großteil des Geschäfts heute im fernöstlichen Ausland gemacht wird. Hier sind bloß noch Stabsstellen wie Personal, Finanzen und eben das Marketing angesiedelt.

Das neue Leitbild

Fünf neue Leitsätze sollen künftig klar, unmissverständlich und unverwechselbar aufzeigen, was dem Unternehmen wichtig ist:

1. Unsere Mitarbeiter sind das wichtigste Kapital.
2. Unsere Kunden stehen bei uns im Mittelpunkt des Handelns.
3. Unsere soziale Verantwortung nehmen wir überzeugt wahr.
4. Unsere Finanzen stehen auf gesunden Beinen.
5. Unsere Entwicklung dient unserem Fortschritt und findet laufend statt.

Das ist die Ausbeute der beiden Tage. Jetzt geht es darum, Texte zur Umsetzung der Leitsätze vorzubereiten, um sie in einem neuerlichen Workshop zu diskutieren und zu verabschieden. Jedes Mitglied der Geschäftsleitung hat einen Satz erhalten und muss bis Ende nächster Woche einen Textvorschlag präsentieren. „Unsere Kunden stehen bei uns im Mittelpunkt" wurde Hannes demokratisch zugeteilt.

Der Kunde steht bei uns im Mittelpunkt

Er ist sich bewusst, dass er wieder einmal den unangenehmsten Satz bekommen hat. Er verfällt ins Sinnieren: „Jahrelang wurden Leistungen abgebaut, Preise angehoben, die Produktpalette verkleinert, persönliche Ansprechpartner durch eine Web-Info-Box und Praktikanten in einem ausgelagerten Call-Center in Irland ersetzt." Und jetzt soll er den Kunden mit ein paar Sätzen klarmachen, dass sie besser bedient werden denn je. Nun gut, es ist nicht an ihm, philosophische Fragen zu stellen, er sitzt im gleichen Boot. Das Unternehmen steht unter Druck und er muss unweigerlich mitziehen.

Den konkreten Kundennutzen erlebbar machen

„Unsere Kunden stehen bei uns im Mittelpunkt" — wie kann man diesen Satz konkreter formulieren? Hannes denkt in kundennutzenorientierten Formulierungen: „Mit unserer neuen, kompakten Produktpalette haben Sie jederzeit den Überblick und sparen Zeit, anstatt sich durch ein unübersichtliches Angebot hindurchzuarbeiten."

In diese Richtung könnte es gehen. „Mit unserer neuen Web-Info-Box können Sie jederzeit — auch mitten in der Nacht — Ihr Anliegen an uns richten." Das ist durchaus ein Fortschritt. Man bedenke, mitten in der Nacht hat der Kunde einen Gedanken, tastet nach dem Smartphone auf dem Nachttisch, tippt das Anliegen ein und schläft weiter.

Er muss nicht mehr die Bürozeiten berücksichtigen. Zusätzlich hat er nach der Eingabe ein paar Tage Zeit, selber nach Lösungen zu suchen, denn bis sich vom Unternehmen schließlich jemand meldet, vergehen sicherlich die standardisierten 72 Stunden.

Damit ist Hannes beim nächsten Satz: „Durch klare Standards in den Antwortfristen können Sie Ihren Arbeitsalltag präzise planen." Das heisst zwar im Klartext, dass drei Tage lang überhaupt nichts geht, da dies aber von Beginn an klar ist, erwartet auch niemand vorher etwas.

Jetzt fehlt noch die Begründung für den Preisanstieg der vergangenen zwei Jahre. „Dank einer marktorientierten Preisstruktur profitieren Sie von einem transparenten Benchmark mit unseren Mitbewerbern." Das hört sich doch gut an. Man weiß zwar nicht, womit man sich vom Konkurrenten unterscheidet, muss aber auch nicht mehr über den Preis diskutieren, weil dieser sowieso gleich und abgesprochen ist. Man braucht es bloß nicht zu sagen.

Das Leitbild füllt sich langsam mit Inhalt. Hannes überzeugt sich selbst: „Es ist wichtig, dass ein Leitbild nicht ein Papiertiger bleibt, sondern dank konkretem Kundennutzen im Alltag gelebt und vom Kunden positiv erlebt wird." Er ist froh, damit einen effektiven Nutzen gestiftet zu haben ...

Wir haben Jahrzehnte des Marketings und des Verkaufs hinter uns. Lange Zeit war alles Marketing oder Verkauf. Man bezeichnete „Kollegen" als „interne Kunden" und man versuchte, sich intern so zu verhalten, als sei man in einem ständigen Kampf um Marktanteile. Das machte durchaus Sinn, aufeinander zuzugehen und den Kollegen nicht mehr als Bittsteller abblitzen zu lassen. Die andere Seite war, dass plötzlich ein unglaublicher Aufwand betrieben wurde, um sich „intern besser zu verkaufen", ohne zu wissen, wer überhaupt der Konkurrent ist.

Als Führungskraft lernte man, Entscheidungen „einfach gut zu verkaufen", sodass sie gefallen. Heute, einen Schritt weiter, gilt es, das Ganze pragmatischer zu betrachten: Verkaufen und Marketing bleiben Königsdisziplinen. Sie sind ohne Zweifel wichtig, um erfolgreich zu sein. Aber nicht alles und immer muss verkauft werden. Regen bleibt Regen, kalt bleibt kalt und weniger Leistung bleibt weniger Leistung. Vielleicht kann man durchaus einmal darüber nachdenken, einen Hauch ehrlicher zu sein. Der Kunde ist unterdessen schlau genug oder wurde schon so oft für „unschlau" gehalten, dass er unter Umständen sogar recht empfindlich gegenüber den 08/15-Verkäufersprüchen geworden ist. Da lob ich mir doch ein „Ja, das hat wie alles nicht nur Vorteile, das ist uns bewusst". Es macht den Menschen so menschlich ... und sein Unternehmen auch.

> **! Learnings**
>
> Seien Sie aufmerksam, wenn Milieusprache zur Anwendung kommt. Es geschieht im Geschäftsalltag sehr häufig, dass unbeliebte Entscheide mit der Milieusprache des Verkäufers „sauber gewaschen" werden. Oder man meint, auch einen negativen Entscheid irgendwie „nur richtig verkaufen zu müssen, dann finden es alle gut". So einfach ist die Welt nicht. Klar Stellung nehmen, Ängste ernst nehmen und die eigene Hoffnung in das Zentrum stellen, ist besser, als irgendeinen sprachlichen Anstrich zu machen, der dem Inhalt längerfristig nicht standhält.

3.6.7 Kommunikation im Alltag – per Telefon

Das Telefon ist und bleibt eines der wichtigsten Kommunikationsmittel. Kein anderes Medium ist in der Lage, über eine große räumliche Distanz in Echtzeit Inhalte über die Stimme durch Worte und Gefühle zu übertragen. Social Media zum Trotz wird immer noch per Telefon am meisten beraten und verkauft, gelobt und reklamiert, sodass richtiges und gutes, vor allem aber richtig gutes Telefonieren zu den Schlüssel-Qualifikationen im Wirtschaftsleben zählt.

Einen guten Draht haben und nicht auf der Leitung stehen

Im Film „Vier Fäuste gegen Rio"[25] meldet sich Bud Spencer, als das Telefon klingelt, mit einem knappen: „Nämlich?" Das ist im Business vielleicht nicht unbedingt empfehlenswert. Es muss beim routinierten Griff zum Hörer aber auch nicht immer die gleiche monotone Begrüßung „Andreas Müller, was kann ich für Sie tun?" sein. Unabhängig von der persönlichen Kreativität — die je nach Branche in unterschiedlichen Varianten ausgelebt werden darf — sollte es bei Gesprächen am Telefon zumindest eines sein: menschlich und herzlich!

---

[25] Vier Fäuste gegen Rio mit Terence Hill und Bud Spencer, I 1984.

Denn genau das kommt beim Gegenüber am schnellsten und sehr direkt an — wenn alle anderen Sinneseindrücke, insbesondere das (An-)Sehen in diesem Moment ausgeschlossen sind. Übrigens gilt das unabhängig davon, ob man angerufen wird oder selbst als Anrufer tätig ist.

Sympathiepunkte sammeln

In unserer hochentwickelten Dienstleistungsgesellschaft ist vieles für uns längst selbstverständlich. Reservieren wir einen Tisch beim Italiener, sind wir weder überrascht noch besonders erfreut, wenn die Plätze tatsächlich für uns freigehalten werden. Bestellen wir Konzerttickets, löst es längst keine Begeisterungsstürme mehr aus (außer es handelt sich um ein ganz besonderes Konzert), wenn diese ein paar Tage später mit der Post bei uns eintreffen. Qualität auf hohem Niveau hat sich eingespielt und wird von uns als Kunden erwartet. Ansonsten gehen wir einfach zum nächsten Anbieter, der unsere Wünsche meistens ebenso gut erfüllen kann.

Bei der Vergleichbarkeit an Produkten und Dienstleistungen zählt aber ein Wert ganz besonders: der zwischenmenschliche Kontakt (und die Sympathiepunkte, die wir dabei sammeln können). Da dieser erste Eindruck sehr oft am Telefon entsteht, wird deutlich, wie wichtig eine freundliche und zuvorkommende Stimme (nicht nur) am Telefon ist. Genau diese Stimme ist nicht nur die Visitenkarte des Unternehmens, sondern unsere ganz persönliche. Sie kann bereits der Türöffner sein — beim Zugang zu Kollegen, Kunden, Vorgesetzten, Geschäftsfreunden ...

Ursachen für Missverständnisse

Noch gravierender wird die Bedeutung des menschlichen Verhaltens am Telefon im Falle einer Reklamation. Für jedes Unternehmen ist die Telefonzentrale oder das Service-Center ein zentrales Element der Kundenbeziehungs-Strategie. Jeder Kontakt ist ein Moment der Wahrheit, der das Verhältnis stärkt oder schwächt. Jeder Anruf muss für den Kunden zum positiven Erlebnis werden. In solchen und ähnlichen Situationen zählen Ihre Kompetenzen am Telefon: das professionelle Verhalten ebenso wie die Fähigkeit, den Kunden rundum zu begeistern.

Gerade am Telefon ist eine unterschiedliche Wahrnehmung häufig die Ursache für Missverständnisse, die schnell zu Einwänden oder sogar Ablehnung führen können. In der Kommunikation sind Worte ausschlaggebend. Eine klare Sprache für die Verständlichkeit der Aussage gehört ebenso dazu. Wichtig ist in diesem Zusammenhang, grundsätzlich offen auf den Gesprächspartner zu reagieren. Eine ehrliche Neugier für das Anliegen seines Gegenübers ist am Telefon positiv spürbar. Voraussetzung dafür ist, dass Sie auch beim Telefonieren voll und ganz präsent und absolut bei der Sache sind.

Partnerschaftlich in Kontakt treten

Zur guten Kommunikation am Telefon gehört die vorbehaltlose Bereitschaft, mit dem anderen in Kontakt zu treten — im Bewusstsein, dass der Gesprächspartner eine andere Wahrnehmung hat als man selbst. Mit der Sichtweise, dass es nicht eine einzige Wahrheit gibt und alles andere falsch ist, kann man offen mit dem Gegenüber in ein Gespräch eintreten und einen echten Dialog führen, bei dem es in erster Linie z. B. um die Bedürfnisse des Kunden geht. Natürlich ist es legitim, auch die eigenen Interessen zu berücksichtigen, die generelle Einstellung sollte allerdings immer partnerschaftlich sein. Das heißt, man strebt im Idealfall einen ideellen und materiellen Gewinn für den Kunden sowie auch für sich selbst und sein Unternehmen an.

Am Telefon ruhig auch einmal gekonnt schweigen

Viele Menschen haben ein geringeres Aufnahmevermögen, als wir annehmen. Wir alle brauchen Pausen, um das Gehörte zu verarbeiten. Mindestens ebenso viele Menschen neigen jedoch am Telefon dazu, schneller zu sprechen, als sie es bei einem persönlichen Treffen tun würden. Schweigen ist am Telefon ein wirkungsvolles Mittel, weil der Zuhörer Worte, die auf eine Pause folgen, besonders gut aufnehmen kann und sich diese demzufolge auch besser merken wird. Selbst wenn wir also am Telefon schweigen, kommunizieren wir. Die große Kunst besteht darin, die richtige Balance zu finden: Reden und Schweigen sind Schwestern und wirken zusammmen besser als alleine.

Die Stimme bestimmt die Stimmung

Weil wir uns am Telefon nicht sehen können, nimmt die Bedeutung der Stimme um ein Vielfaches zu. Sie ist unser Draht zum Gegenüber, das einzige Mittel, mit dem wir unmittelbar als Person wirken können. Unabhängig von dem, was wir sagen, ist die durch unsere Stimme vermittelte Stimmung oftmals auch das, was beim Gesprächspartner einen dauerhaften Eindruck hinterlässt.

Neben den Inhalten, die durch Worte und Akustik vermittelt werden, sind es meist die leisen Zwischentöne, die Sympathie oder Unbehagen auslösen. Letzteres kann auch passieren, wenn die Stimme an sich eher unangenehm wahrgenommen wird, weil diese von Haus aus zu hoch, zu schrill oder zu laut ist. Nicht jeder wird mit einer wirkungsvollen Stimme geboren. Um die Wirkung der eigenen Stimme zu optimieren, sind Sprechtrainings sinnvoll.

Hannes

Hannes kommuniziert im Alltag ... am Telefon (Teil 10)
Hannes brütet über einem Konzept für die Neuorganisation der Materiallogistik. Normaler Büroalltag. Das Telefon klingelt. Laut der Nummernerkennung ist es weder ein Kunde noch ein Mitarbeiter. Es könnte ein Coach sein, der seine Auftragsbücher noch füllen muss oder eine Büroartikelfirma, die versehentlich durch die Maschen der Sekretärin gerutscht ist und ihm ganz persönlich zehn Toner für seinen lokalen Drucker verkaufen will. Oder zumindest einen Zentner Papiervorrat. Ob dieser Gedanken leicht genervt presst Hannes seinen Namen mit einem unterkühlten „Was-kann-ich-für-Sie-tun?" in den Telefonhörer.
Aber nein, das ist ja Sebastian, sein alter Schulkollege! Er arbeitet neu als Distribution Manager bei einem Lieferanten und wollte sich nach der letzten Lieferung erkundigen, die nicht geklappt hat. Der Anruf ist eine freudige Überraschung.
Sebastian: „Hallo Hannes, bist es wirklich du?"
Hannes: „Sebastian — du alter Räuber. Das gibt's doch nicht!"
S: „Doch, doch, scheint einiges gegangen zu sein bei dir."
H: „Ach ja, ich sitze hier in der Geschäftsführung, es macht Spaß. Und was machst du?"

S: „Habe auch eine tolle Arbeit, ich leite die Qualitätssicherungsabteilung beim Maschinenkonzern, der euch die beste Ware liefert, wenn sie dann endlich kommt ..."

Beide prusten vergnügt in den Telefonhörer.

H: „Haben uns schon lange nicht mehr gesehen."

S: „Ja, wir könnten wieder mal zum Bier gehen."

H: „Sollen wir gleich einen Termin abmachen?"

S: „Sicher, ich hol kurz mein Smartphone."

Auch Hannes öffnet den Terminplaner in seinem Computer.

„Februar und März sind nicht gerade günstig, ich bin in einem Riesenprojekt, April wäre besser", schlägt Sebastian vor.

H: „Ui, April ist ungünstig, da ist Ostern und anschließend bin ich bis Juli in Auszeit."

S: „Also danach. Ich bin Juli noch in Palma, aber ab August finden wir sicher einen Termin."

H: „August ist gut. Die neue Produktion geht erst am 20. los. Vorher ist eine intensive Planungsphase, aber am 18. oder 19. würde es mir gut passen.

S: „Och nein, vom 16. bis 19. bin ich in Stockholm."

H: „Stockholm ist schön, ich bin Mitte Oktober dort. Wie sieht es denn im September aus?"

S: „Lass mal schauen — ach nein, September geht leider gar nicht. Ich heirate dann und man weiß nie, was es vorher noch zu tun gibt."

H: „Das verstehe ich, das blockiert natürlich die Termine."

S: „Aber hör mal Hannes, ich hab eine Idee: Wir könnten uns an meiner Hochzeit etwas früher treffen. Du bist ja sicher dabei."

H: „Wann heiratest du?"

S: „Am 10. September um zehn Uhr. Wir könnten uns um neun Uhr treffen."

H: „Das ist gebucht."

S: „Tipptopp, die Terminsuche ging ja fix."

H: „Deine Entscheidungsfreudigkeit und Spontaneität haben mir schon immer gefallen."

Sebastian lacht: „Ist doch klar."

„Und wenn etwas dazwischen kommt?", gibt Hannes noch zu bedenken.

S: „Wir tauschen noch unsere Handy-Nummern aus — für alle Fälle."

H: „Klar doch — also, bis bald."

S: „Freu mich sehr, dass die Verabredung so kurzfristig klappt."

H: „Die Lieferschwierigkeiten bei deinen Maschinenenteilen können wir dann gleich auch besprechen, ich nehme die Unterlagen mit."

S: „Das machen wir so. Deine Effizienz ist noch immer unerreicht. Bis dann."

H: „Tschüss."

Was kennen wir nicht alle für Instrumente, Tools, Selbsthilfebücher zum Thema Arbeitsorganisation. Wir können den All-Tag via App organisieren lassen, das Outlook plant und mahnt, das Smartphone erinnert und weckt. Bei allen guten, gutgemeinten und weiteren neuen Strategien und persönlichen Vorlieben, den Alltag organisatorisch zu meistern, bleibt etwas am Schluss übrig: ICH. „Ich" bin es, der sich diszipliniert daran halten muss, der innere Schweinehunde ab- oder beiseite stellen muss. „Ich" bin es, der sich auch wirklich daran halten muss, was Outlook mir sagt bzw. irgendwo bin „Ich" es ja auch, der es füttert und planen lässt. Das nimmt uns niemand ab.

Gute Organisation = praktisches Instrument x Selbstdisziplin
(wenn eines „0", gibt auch das Gesamtergebnis „0")

> **! Learnings**
>
> Allzu spontan ist manchmal auch nicht gut. Flurgespräche sind spontan. Aber manchmal ist es durchaus sinnvoll, etwas Zeit verstreichen zu lassen, um sich das eine oder andere dann doch noch zu überlegen. „Moment, ich kann da gerade nichts dazu sagen, ruf mich doch später noch einmal deswegen an" oder „Ich komm in einer Stunde bei dir im Büro vorbei" ist bisweilen hilfreich — und Sie bereuen unter Umständen weniger.

3.6.8 Kommunikation im Alltag mit älteren Mitarbeitern

Hierarchien richten sich nicht nach dem Alter. Die demographische Veränderung wird in allen Wirtschaftsbereichen zukünftig noch stärker zur Folge haben, dass junge Vorgesetzte Mitarbeiter führen, die der Generation ihrer Eltern angehören. Dabei ist es nicht immer einfach, hier eine gute Kommunikation im Alltag zu bewältigen.

Junger Chef — was nun?

Werden ältere Mitarbeiter jüngeren Vorgesetzten unterstellt, treffen unterschiedliche Lebensauffassungen aufeinander. Die Generationen ticken unterschiedlich und so mancher Konflikt ist vorprogrammiert. Während die Jüngeren vernetzter denken, unkomplizierte Umgangsformen pflegen und offensiv an ihre Aufgaben herangehen, sehen Mitarbeiter mit langjähriger Berufserfahrung die gleiche Situation mit anderen Augen. Neuerungen werden als mangelnder Respekt empfunden, eine gewisse Lässigkeit als Unhöflichkeit u. v. m.

Voneinander lernen

Wenn sich Wertvorstellungen nicht decken, sind Machtkämpfe vorprogrammiert. Doch darauf sollten Sie sich als junger Vorgesetzter keinesfalls einlassen. Besser als der Kampf hilft im Generationenkonflikt — wie so oft — eine offene und respektvolle Kommunikation. Mit gegenseitigem Verständnis lässt sich unnötiger Konkurrenzdruck vermeiden. Aufeinander zugehen und voneinander lernen bringt letztendlich beiden Seiten Vorteile.

▶ **Fallbeispiel aus der Kommunikationspraxis**

Der in Ihrem Projektteam für die Materialbeschaffung zuständige Mitarbeiter Gerhard P. ist 62 Jahre alt. Er zeichnet sich durch langjährige Betriebszugehörigkeit aus und gilt allgemein als zuverlässig und fleißig. Was Sie persönlich aber zunehmend nervt, ist, dass er ständig von der näher rückenden Passivphase seiner Altersteilzeit spricht. „Ich habe ja nur noch sieben Monate, dann ist dieser Job hier Vergangenheit."

Heute Morgen bei der Team-Besprechung informierten Sie Ihre Arbeitsgruppe darüber, dass demnächst das neue Programm für die Lagerbewirtschaftung installiert wird, um die Bestände übersichtlicher zu führen und die Kontrolle zu verbessern. Schnell etwas aus dem Lager holen und raus auf die Baustelle zum Kunden — das geht dann nicht mehr. Die Materialverluste im vergangenen Jahr waren zu groß.

Gerhard P. ist dagegen und verkündet, er verstehe nicht, warum man nach nur zwei Jahren wieder alles neu machen müsse, nachdem doch erst das Formularsystem eingeführt worden sei. Er hätte definitiv keinen Bock, kurz vor seinem Ruhestand alles auf den Kopf zu stellen und überhaupt, er hätte ja von Anfang an gesagt, dass die Formulare Quatsch seien. Früher hätte man weitsichtiger geplant und vor allem den Mitarbeitern vertraut.

Unterschiedliche Sichtweisen

Ältere Mitarbeiter, deren Ruhestand in Sichtweite rückt, fordern vor allem jüngere Führungskräfte oft heraus. Unabhängig von den konkreten Vorgeschichten treffen zwei sehr unterschiedliche Perspektiven zur Arbeitswelt aufeinander. Hier eine junge Führungskraft, die unter Umständen ganz neu in dieser Position ist und voller Euphorie noch all die „Challenges" vor sich hat. Dort der Mitarbeiter, der auf eine lange Berufszeit zurückblicken kann und den „Schluss" vor Augen hat oder womöglich an nicht erfüllte eigene Karrierewünsche erinnert wird. Richtigerweise strotzt der eine vor Optimismus. Der andere aber kann sich vielleicht mit dem Gedanken noch nicht ganz abfinden, dass es „das bald war". Der dritte Lebensabschnitt naht, unwiderruflich wird diese Person auch mit der Endlichkeit des Lebens konfrontiert.

Nicht bei allen Betroffenen löst die Perspektive auf den Ruhestand die gleichen, befreienden Gefühle aus. Der eine freut sich darauf, dann ist Arbeit nur noch eine Übergangszeit. Der andere wiederum sträubt sich gegen den Gedanken des Überflüssigseins. Obwohl solche Empfindungen nicht formuliert und ausgesprochen werden, finden sie sich häufig in den Reaktionen der Betroffenen wieder.

Mit einer klaren Kommunikation lässt sich eine solch schwierige Situation klären und entspannen.

Vier Schritte, die Loyalität älterer Mitarbeiter zu erhalten

1. Verständnis zeigen
   In der Besprechung sollte der Vorwurf übergangen werden. Besser ist es, wenn die Klärung ohne die anderen Teamkollegen erfolgt. Führen Sie deshalb das zwingend nötige Zweiergespräch mit dem nötigen Abstand. Sprechen Sie Gerhart P. auf seine persönliche Situation an und zeigen Sie Verständnis. Vor dem oben aufgezeigten Hintergrund können Sie als junge Führungskraft die Reaktion Ihres „altgedienten" Mitarbeiters besser verstehen.

2. Leistung anerkennen
   Ganz wichtig: Würdigen Sie die bisher erbrachte Leistung. Geben Sie zu erkennen, dass die Generation vor Ihnen (zu der Gerhart P. gehört) ihre Arbeit richtig gemacht hat. Sonst würde der Betrieb heute nicht so gut dastehen. Wenn Sie mit der richtigen Haltung an diese Würdigung gehen, ist sie echt, wirkt sie echt und kommt echt an!

3. Kritik formulieren
   Im zweiten Schritt deklarieren Sie aber auch Ihr Missfallen an der Situation. Sie sind der Chef. Kommunizieren Sie klar und eindeutig, dass Sie solche Aussagen im Teamverband nicht hören möchten. Fordern Sie ihn auf, Probleme künftig mit Ihnen persönlich zu besprechen. Entscheidend ist, dass Sie konsequent bleiben.

4. Lösung finden
   Nun folgt die Lösungssuche. Binden Sie den Mitarbeiter ein. Sie haben abgesteckt, was Sie möchten und ihm dabei seine Würde, die er womöglich

in den Zeiten des schnellen Wandels gefährdet sieht, bewahrt. Lassen Sie sich aber genügend Zeit, daran zu arbeiten. Eine gemeinsam vereinbarte Frist, innerhalb der das Ziel erreicht werden soll, hilft bei der konstruktiven Umsetzung.

Warum Schema F nicht funktioniert

Lösungswege gibt es so viele, wie es Mitarbeiter gibt. Der eine möchte vielleicht sein Pensum reduzieren, der andere eine andere Arbeit übernehmen. Ein dritter ist womöglich zufrieden, wenn er die Chance erhält, auch einmal etwas anderes zu leisten, etwas, das nicht an den täglichen Arbeitsablauf gebunden ist, z. B. einen Betriebsanlass zu organisieren oder seine langjährige Erfahrung an den Nachwuchs bei einer Azubi-Schulung weiterzugeben. Finden Sie heraus, was zu Ihrem Mitarbeiter passt.

Fünf Fragen, die sich junge Führungskräfte im Rahmen einer guten Alltags-Kommunikation stellen sollten:

1. Verfüge ich (schon) über (ausreichend) Personalkompetenz? Fachwissen allein reicht nicht. Auch Vorgesetzte dürfen und müssen dazulernen.
2. Gebe ich mich authentisch?
   Erfahrene Mitarbeiter spüren, wenn Sie sich „aufgesetzt" verhalten.
3. Sind meine Entscheidungen nachvollziehbar?
   Transparenz schafft Vertrauen und fördert Ihr Ansehen.
4. Kann ich einen Rat annehmen?
   Nicht alles muss neu erfunden werden. Nutzen Sie das vorhandene Knowhow in Ihrem Team.
5. Bin ich zu ehrgeizig?
   Lieber Schritt für Schritt, als alles auf einmal.

● Hannes

Hannes kommuniziert ... für eine bestimmte Zeit nicht mehr (Teil 11)
Jetzt ist es soweit. Hannes darf aufgrund der Dienstalterregelung drei Monate in das Sabbatical. Früher war es noch üblich, darauf zu verzichten. Das war ursprünglich auch Hannes' Plan gewesen. Die Zeiten haben sich geändert. Was früher als „untragbar" galt, nämlich „einfach-so-mal" für drei Monate abzutauchen, ist zur Imagesache avanciert.

Fast schon im Sabbatical

Der moderne Mann zieht sich zurück, macht sich rar und zeigt der Abteilung, dass er sie so gut organisiert hat, dass es durchaus auch mal ohne ihn geht. Das lernt man schon lange und es ist wissenschaftlich bewiesen, dass es für alle Beteiligten von Vorteil ist. Aber erst, seit der neue CEO die Geschicke leitet, geht dies auch wirklich in der Praxis. Einmal mehr zeigt sich, dass ein gutes Vorbild durch nichts zu ersetzen ist. Hannes' Chef ging letztes Jahr für drei Monate in einen Bildungsurlaub nach Hawaii. Work-Life-Balance unter Palmen.

Hannes räumt den Schreibtisch auf. So, dass er einerseits drei Monate weggehen kann, er sich aber nach dieser Zeit auch wiederfindet. Alles versorgen, aber nichts verstauen. Der Stellvertreter weiß ja Bescheid, wo er ihn zur Not erreichen kann. Hannes möchte nicht alle Geheimnisse aus der Kategorie „Das-haben-wir-schon-immer-so-gemacht-ist-aber-nirgends-aufgeschrieben" preisgeben. Bei allem Vertrauen, man weiß ja nie …

Der Prozess, um herauszufinden, was er in diesen drei Monaten eigentlich tun will, war auch nicht ohne. Einmal mehr hat Hannes' Organisationstalent dazu geführt, dass er ein raffiniert austariertes Auswahlverfahren durchexerziert hat: von der grundsätzlichen Definition von „Bildung", „Erholung", „Zwischenbilanz im Leben ziehen" bis zu „Zeit für sich zu haben". Daraus wiederum in bewährter morphologischer Manier aufgelistet die SWOT-Analyse zu gesammelten Dreimonats-Programmen ... et voilà, nach mehreren Wochen akribischer Erkenntnissuche kam er zum Schluss: „Ich werde für drei Monate Hausmann." Dafür geht seine Frau in einen schon lange ersehnten Mal-dich-frei-Workshop, der just ebenfalls drei Monate dauert, um ihre künstlerischen Fähigkeiten im Bereich „Inneres auf Papier zu bringen" vertieft. So geht er perfekt vorbereitet in diese Phase.

Ob Work-Life-Balance oder schlichtweg Ausgleich — unterdessen wissen alle, dass es ohne nicht geht. Niemand kann nur arbeiten, aber auch niemand nur nicht-arbeiten ... Es braucht beides, um glücklich und zufrieden zu sein.

Gerade bei Menschen, die sehr intensiv mitten im Arbeitsprozess stehen (und das sind gerade Führungskräfte praktisch immer), sollten Fragen zum Ausgleich regelmäßig gestellt werden. Es braucht neben den Phasen der Leistung auch Phasen der Ruhe. Hier sind Gott sei Dank Auszeiten inzwischen salonfähig geworden. Es ist kein Zeichen der Schwäche mehr, sich mit sich selbst auseinanderzusetzen und sich dafür auch einmal für eine bestimmte Zeit zurückzuziehen. Jeder merkt an sich selbst, dass eine solche Zeit wertvoll und die Energie nachher wieder da ist.

So positiv solche Auszeiten auch sind, es darf nicht darüber hinweggetäuscht werden, dass nicht sie es sind, die den eigentlichen Ausgleich ausmachen. Erst dann, wenn die Auszeit auch Einzug in den ganz normalen „Alltag" (kommt von „alle Tage") gehalten hat, kann sie ihre volle Wirkung entfalten. Jeden Tag sich eine Zeit zu gönnen, in der man nichts „muss", die man nur für sich selbst hat, das ist die eigentliche Lebensqualität und der Garant dafür, dass Ausgleich eben im All-Tag stattfindet.

Und zu guter Letzt: Ausgleich heißt, das tun, was sonst zu kurz kommt. Wenn eine Führungskraft oder ein Mitarbeiter im Geschäft sich von zu vielen Zielen unter Druck gesetzt fühlt, ist es vielleicht nicht gerade das probateste Mittel, in der Freizeit noch intensiven Leistungssport mit Besten-Rangliste zu betreiben ...

> **! Learnings**
>
> Da sind wir wieder bei der Haltungsgeschichte: Wer im Alltag erfolgreich kommunizieren möchte, sollte in erster Linie an der eigenen, inneren Überzeugung arbeiten. Ein ausgeglichenes Leben privat und beruflich ist selbst bei Kommunikationsthemen dafür verantwortlich, dass auch diese schlussendlich erfolgreicher verlaufen.

3.6.9 Kommunikation im Alltag – Diversity-Management

Der Weg, mit verschiedenen Generationen umzugehen, führt ins Feld des Diversity-Managements, wo es darum geht, die soziale Vielfalt des Personals konstruktiv zu nutzen. Akzeptieren Sie die Verschiedenheit Ihrer Mitarbeiter und setzen Sie deren individuelle Stärken, die sie aufgrund ihrer Biografie mitbringen, bewusst ein. Bei älteren Mitarbeitern sind oft Verantwortungsbewusstsein, Sorgfalt, Zuverlässigkeit besonders ausgeprägt. Auch eine starke Firmenbindung und die lange Erfahrung zählen zu ihren Stärken. Inwieweit diese möglichst umfassend oder auch nur partiell nutzbar sind, hängt von der Zusammensetzung Ihres Teams und seinen Aufgaben ab. Doch der gezielte, erfolgreiche Einsatz persönlicher Talente stärkt nicht nur den Einzelnen, sondern die gesamte Gruppe und das von ihr erzielte Ergebnis — somit auch Ihre Position.

Mitarbeiter sind individuell — Situationen und Entscheidungen auch

So unterschiedlich wie Ihre Mitarbeiter sind die Situationen, in denen Sie als Führungskraft richtig handeln und entscheiden sollen. Neben den technischen Rahmenbedingungen im Unternehmen kommt besonders im generationsbedingten Konflikt dem zwischenmenschlichen Aspekt eine ausschlaggebende Rolle zu. Immer besteht ein Zusammenhang aus Umgebung, Abhängigkeit und Befindlichkeit.

> **● Hannes**
>
> **Hannes kommuniziert im Alltag ... über Generationen hinweg (Teil 11)**
> Hannes macht sich Sorgen. Soeben wurde ein Geschäftsleitungsmitglied gewählt, das um einige Jahre jünger ist als er. Wenn er sich morgens im

Spiegel betrachtet, ist nicht mehr zu leugnen, dass er sich allmählich dem 50. Jahrestag seiner Geburtsstunde nähert. Falten kann man weglächeln, Haare notfalls mit Farbe abdunkeln, aber der stetig wachsende Umfang knapp oberhalb der Gürtellinie ist nicht mehr wegzudiskutieren. Nach der Lektüre eines einschlägigen Fachartikels zur Midlife-Crisis ist für Hannes klar: Bevor er da hineinschlittert, gilt es, wirksame und nachhaltige Gegenmaßnahmen zu entwickeln.

Die Entscheidung

Stundenlang konsultiert er Ratgeber und Blogs im Internet. Dann beschließt er, Sport zu treiben. Das sei gut für die psychische und physische Gesundheit. Nun gilt es, nach der geeigneten Sportart zu suchen. Nach weiteren Recherchen in Mens-Health- und Life-Style-Magazinen folgt der Entschluss: Hannes wird Biker. Nicht einfach profan „Radfahren", nein, das ist für Touristen im Flachland. Hannes entscheidet sich für richtiges und sportliches Fahrradfahren. Biken ist der Sport für den modernen Mann!

Die Zielsetzungsphase

Als Manager weiß Hannes, dass kein Projekt ohne Ziel auskommt. „Ziele sind nicht zu bescheiden anzusetzen", ist Hannes' Erfahrung aus seiner Praxis. Und was sich da bewährt hat, soll auch für sein Bike-Projekt recht sein. Für ihn ist klar, dass er auch hier ambitiöse Zielgrößen anstreben will. Beispielsweise wird jährlich der Alpen-Bikeathlon ausgetragen, der die Fitten von den Top-Fitten trennt. In fünf Tagen quer durch die Schweizer Berge und kumuliert mit ein paar Tausend Höhenmetern: Das ist eine Ansage und Herausforderung zugleich. Um noch einen Tick konkreter zu werden, plant Hannes die Teilnahme am Alpen-Bikeathlon im nächsten Sommer und strebt das erste Viertel der Rangliste an.

Die Planungsphase

Ein solides Projekt muss sauber geplant sein. Hier Zeit und Geld zu sparen, wäre falsch. Zuerst geht es um die Materialbeschaffung. Hannes fährt von Fachhändler zu Fachhändler, lässt sich über die Beschaffenheit von Rahmenmaterial und Übersetzungstechnik sowie Feinheiten in den Bremssystemen von modernen Bikes beraten und fährt ungefähr zehn Modelle zur Probe. Er entschließt sich schließlich für einen Roadrunner Ultimate mit Carbon-Rahmen und High-End-Bremssystem. Das passende Outfit darf auch nicht fehlen. Mit der Turnhose aus dem Studium und einem alten Werbe-T-Shirt aus den Neunzigern ist kein Staat mehr zu machen. So ersteht er im Fachgeschäft gleich noch einen Renndress Bike-Passion mit integriertem Lüftungssystem in modischen Farben. Die DVD „Effizienz im Pedaldruck" zeigt Hannes auf seinem PC eindrücklich, welche Bewegungsabläufe er im Detail verinnerlichen soll.

Die flankierenden Marketing-Maßnahmen

Im Grund ist Hannes bewusst, dass er den Sport für sich und seine Gesundheit treibt. Aber wie in jedem Bereich geht es auch im Sport nicht nur darum, Gutes zu tun, sondern auch darüber zu reden. Das Umfeld soll wahrnehmen, dass man(n) bei den Leuten ist. Er schraubt sich schon mal den Gepäck-Fahrradträger auf das Autodach. Selbstverständlich nicht ein Billig-Modell aus dem Baumarkt, sondern richtige Qualitätsware. Dieser Träger bleibt auf dem Dach, damit in der Tiefgarage seines Unternehmens jeder kapiert, dass Hannes derart intensiv am Biken ist, dass es sich nicht lohnt, den Träger jeweils abzumontieren. Dazu scheint absolut wichtig, dass er in den gemeinsamen Pausen die Kollegen in sein Vorhaben einweiht. Und natürlich „by-the-way" auch mal einen PC-Ausdruck über „XXL-Bike-Touren" im Drucker liegen lässt. Er freut sich schon, wenn er im Großraumbüro auf die Frage „Wem gehört dieser Ausdruck?" mit „Mir" antworten kann. Nun, Marketing ist nicht alles — aber ohne Marketing ist alles nichts.

Die Umsetzung
Nach der wochenlangen Zielsetzungs- und Planungsphase ist der Zeitpunkt da, sein Bike inklusive der ganzen Ausrüstung einem Feldtest zu unterziehen. Hannes stemmt das Bike aufs Auto, zieht sich den figurbetonten Renndress an und fährt aufs Land. Kaum hat er am Waldrand geparkt, nähert sich ein bellender, scharfer Hund mit Spaziergänger im Schlepptau. Der Köter blickt, als ob er denken würde: „Ah, wieder ein Biker, tolle Waden, freu mich aufs Reinbeißen." Hannes bleibt im Auto sitzen. Die Aussicht auf ein näheres Treffen mit dem Hund gefällt ihm gar nicht. Dieses Szenarium hat er nicht durchdacht. Er bricht die Übung sofort ab und fährt nach Hause, um einen Internetartikel über „das Zusammenleben von Hunden und Bikern" zu suchen. Er ist froh, diese Planungslücke noch zu schließen und meint tröstlich: „Gerade bei solch wichtigen Projekten muss man wirklich nichts überstürzen."

Tun Sie doch einfach zwischendurch das, was Ihnen guttut und denken Sie nicht ständig ans Image. Wer sich in seiner Haut wohlfühlt, auch sein Alter mit all seinen Vorzügen und Nachteilen akzeptiert, die aktuelle Lebensphase als die wertvollste erlebt, der ist nicht nur zufriedener, sondern wirkt oft sogar jünger.

Lösen Sie sich zeitweilig von gesellschaftlichen Normen, Erwartungen aus dem Umfeld und hören Sie in sich hinein. Was will ich … und zwar wirklich? Eine spannende Frage, die jeder regelmäßig für sich beantworten sollte und deren Antwort so individuell ausfällt, wie alle Menschen sind. Haben Sie eine Antwort? Dann ist es gut und Sie tun neben all den Sach- und Businesszwängen das, was auch mal nur für Sie selbst von Nutzen ist.

! Learnings

Wenn Sie jetzt allmählich überlegen, was Sie in welcher Form aus den Inputs dieses Buches umsetzen möchten, gehen Sie es einfach an. Der Erfolgreiche unterscheidet sich vom Nicht-Erfolgreichen in erster Linie dadurch, dass er *es tut*. Suchen Sie nicht nach Ausreden oder Einschränkungen, sondern nehmen Sie sich etwas Konkretes vor und arbeiten regelmäßig daran. Wer einen Vorsatz nicht innerhalb von 72 Stunden angeht, wird es kaum je tun ... das als kleine Hilfestellung aus der Wissenschaft.

4 Fast ganz zum Schluss ...

Mit einer kleinen Sammlung humorvoller Alltagsgeschichten aus dem Kabarett-Programm werden Ihre Erkenntnisse abgerundet:

4.1 ... noch ein paar „Einweggeschichten" zur Förderung des kommunikativen Verständnisses

Die Erkenntnis ist nicht neu, jedoch wirkungsvoll: Am leichtesten lernen wir von und über Geschichten. Schon anhand der Märchen — wie zum Beispiel des bereits erwähnten Rotkäppchens — erfahren Kinder viel über Recht und Unrecht, Werte und die Moral von der Geschicht' ... Aber auch als Erwachsene tauchen wir noch immer gerne ein in Geschichten, in Storys, die uns Vorgänge verdeutlichen und uns manchmal durch einen Blick in den Spiegel unser eigenes Verhalten veranschaulichen ...

Die folgenden Geschichten sind Alltag. Sie finden vielleicht immer irgendwo auf eine ähnliche Art statt. Sie sind aber einfach „einmal so gehört" worden. Einweggeschichten. Gehört, geschrieben und gelesen. Klar, Sie dürfen die Geschichten behalten und auch mehrmals lesen. Diese sollen aber vor allem auch Inspiration sein, selber auf kommunikative Geschichten des Alltags zu hören. Zu erleben, wie sehr viel Spaß es machen kann, mit Worten zu spielen, an Kommunikation Freude zu haben und sich vielleicht selbst nicht immer ganz so wichtig zu nehmen. Denn auch wir finden nur einmal statt. Aber aufmerksam sollten wir sein — und dann lässt er sich vorzüglich genießen: der Alltag.

4.1.1 Haben Sie die alte dabei?

Auch wenn mir klar ist, dass materielle Güter nie das wahre Glück auf Erden bescheren können, ich schätze gewisse Dinge schon und das „Ding Auto" ist etwas, das mir etwas mehr bedeutet, als einfach „Vier Räder und anderthalb Tonnen Blech" es eigentlich bedingen würden. So machte ich mich daran, ein neues Nummernschild zu besorgen. Nein, nicht ein übteuert ersteigertes, sondern einfach das gleiche neu gedruckt. Ohne Beulen, Kratzer, die mir Unachtsam-Parker in Großstädten in den letzten Jahren beschert haben. (… Es sind immer die anderen, *ich* passe ja auf …)

Abholtermin Straßenverkehrsamt. Des Bleches Quadrat ist bestellt. Ich stehe am Schalter, die freundliche Dame (ja, *freundlich sein* haben sie unterdessen auch dort begriffen und setzen phasenweise sogar Maßstäbe in dieser Disziplin) nimmt den Antrag, die Bestellbestätigung, entgegen, hört auf meine Worte: „Ich hole meine neue Nummer ab." Sie entschwindet Richtung Backstage, erscheint mit dem Corpus Delicti wunderbar in Plastik verpackt wieder und konfrontiert mich mit der Frage: „Haben Sie die alte dabei?"

„Haben Sie die Alte dabei?" — soll ich jetzt sagen: „Nein, die ist zur Zeit gerade zu Hause und macht die Küche?" Nein, nein, denke ich nur und außerdem stimmt das sowieso nicht. Erstens ist meine Frau nicht alt, zweitens hält sie sich wirklich nicht permanent in der Küche auf. Und plötzlich kommen mir weitere so tolle Fachausdrücke in den Sinn …

„Ist es zum hier Essen?", fragt man im McDonalds aus mehrwertsteuertechnischen Gründen immer, auch wenn man nur „Cola Zero small" bestellt. Essen — ja, klar, Cola essen ist in …

Und ja, wenn Ihre Verkäuferin im Reisebüro von „Machen wir eine Option?" redet, vertreiben Sie Ihre Angst über untergejubelte Zusatzgeschäfte. Es handelt sich lediglich um eine Vor-Reservierung. Klar, dieses Wort ist zu lang, darum „Option" und auch „Anzahl Personen" übersteigt die sprachliche Speicherkapazität des schnelllebigen Hirns, darum „wieviel PAX reisen mit", denn es ist kürzer. Ob da allenfalls diskretes Produkt-Placement betrieben wird? PAX war mal eine Lebensversicherung in Basel — Sponsoren die TUI, Kuoni und Konsorten …

Wie auch immer, achten wir doch einfach wieder einmal darauf, was wir den ganzen Tag für einen Fachjargon gebrauchen, der wohl für andere bestimmt ist, aber nur von uns verstanden wird.

4.1.2   Haben Sie einen Moment Zeit?

Wie lieben sie alle. Die Anrufe zwischen wohlverdientem Abendessen, Vorstandssitzung des Turnvereins und dem rituellen Tages-Abschluss-TV-Fenster „10 vor 10".

„Guten Tag. Hier ist das Medienforschungsinstitut Swissmedia-Scope — haben Sie einen Augenblick Zeit?" „Wer ist da?" — dumm gelaufen. Mit dieser Reaktion haben Sie bereits verloren. „Hier ist das Medienforschungsinstitut Swissmedia-Scope — haben Sie einen Augenblick Zeit?", betont nochmals eine leicht mechanische Stimme, die via leicht überhöhter Melodik auf Freundlichkeit getrimmt wurde. Das „Wer ist da?" aber wertet sie als uneingeschränktes Interesse. „Wir machen eine Umfrage zum Fernseh-Konsum-Verhalten. Wir wollen das TV-Konsumverhalten analysieren." Nun gut, wer eine Umfrage zum Fernseh-Konsum-Verhalten macht, wird wohl kaum den Gebrauch von abgelaufenen Kopfschmerz-Tabletten analysieren ...

„Darf ich Ihnen ein paar Fragen stellen?" „Na gut, wenn's nicht zu lange dauert", lüge ich etwas zu laut vor mich hin.

„Achten Sie beim Fernseh-Konsum auf die Werbung?"

„Ich versuche Werbesender zu vermeiden"

„Was schauen Sie denn für Sender?"

„3SAT, Arte, Dubai-TV und Channel-Istanbul und TeleZüri ..."

„Tja" erwidert die Stimme vermeintlich gut gelaunt, „ich hab hier nur SF 1 und 2, ARD, ZDF, SAT1, RTL, PRO7, VOX, ORF 1 und 2, DSF."

„Oha — was machen wir jetzt?"

„Ja, in diesem Fall ist für Sie die Umfrage beendet, Sie gehören nicht zur werberelevanten Zielgruppe."

Ich habe verloren, bin nicht werberelevant — keine Zielgruppe — quasi nichts. Ich schwebe luftleer im staubdurchsetzten Raum. Darf nicht dazugehören.

Wenn Sie schon „Opfer" sind, machen Sie sich wenigstens einen Spaß daraus, wenn es Sie nervt. Wenn es Sie nicht nervt, hören Sie gut zu — denn phasenweise gibt's in der Tat gute Angebote!

Und wenn Sie „Täter" sein sollten: Bitte nicht einfach auswendig gelernte Leitfäden verabreichen und die Call-Center-Mitarbeiter danach bewerten, wie genau sie den selbigen einhalten. Sondern lehren Sie Ihre Mitarbeiter zuzuhören, ein Gespräch zu führen. Das ist bereichernd für beide Seiten — auch am Schluss, wenn es um die Abrechnung/die Verkaufszahlen geht.

4.1.3 Hast du noch einen Musikwunsch? Willkommen beim Happy-Radio-Morgen-Programm!

Am Morgen im Auto. Die ersten, vielleicht aber auch letzten Minuten, die man je nach Jahreszeit in klirrender Kälte, triefender Dunkelheit oder auf halbwegs noch fahrbar-frequentierten Autobahnen zwischen 6.00 und 7.00 Uhr morgens für sich allein hat. Fast allein …

Denn da sind die „Machen-gute-Laune-am-noch-schlafenden-Morgen"-Radio-Moderatoren. Sie machen einem vor, dass man jetzt gefälligst Freude am Leben haben sollte — und wie! Klar, die habe ich auch — genieße diese Freude sogar sehr. Aber es gibt Phasen, da ist für mich Freude auch, den anbrechenden Tag anbrechen und nicht explosionsartig erodieren zu lassen. „Hurra-jupi und jetzt gibt's noch einen Wettbewerb oder ruft doch gleich an, wenn ihr heute Morgen schon ein super-tolles-lustiges Erlebnis gehabt habt … Da ist der Walti von unterwegs … Hast du einen Musikwunsch? …" Jetzt noch eine Bon-Jovi-Scheibe aus den 80ern und ich klaube mir definitiv eine CD aus dem Seitenfach. Glauben Sie nicht, dass dies nur bei Ihrem Stamm-Radio so ist. Fahren Sie einmal quer durch Deutschland oder die Schweiz — es ist überall so. Darum brauchen wir ja die lokalen Medien, damit sich alle etwas Spezielles, etwas Regionales einfallen lassen können. Einziger Unterschied: Der Dialekt des „Anrufers Walti" variiert noch.

Für alle Verantwortlichen im Unternehmen, ob in der Alltags-Kommunikation oder in Führungssituationen: Posaunen Sie nicht heraus, dass Sie etwas Spezielles sind, wenn Sie nichts anderes tun, als Konzepte von anderen zu kopieren. Plagiatsvorwürfe haben schon Minister ihren Job gekostet ...

4.1.4   Haben Sie eine Kundenkarte?

Customer-Relationship-Management haben wir begriffen (siehe auch Kapitel 3.6.6). Wir müssen eine „Kundenbeziehung" aufbauen und pflegen. Wie pflegt man privat eine Beziehung? Klar, man überrascht regelmäßig seinen Partner/seine Partnerin, schaut ihr/ihm die Wünsche von den Lippen oder den blinzelnden Augen ab.

Nichts Neues — das ist uns wohl genetisch eingeimpft. Leider haben nicht alle den gleichen Impfstoff erhalten. Das wäre ja noch schöner, wenn der andere grad immer sich das wünscht, was ich auch möchte. Das Leben wäre so einfach. Aber nein, da stehen „individuelle Wünsche" und „persönliche Bedürfnisse" und „unausgesprochene Erwartungen" im Zwischenraum des Tête-à-tête-Verhältnisses. Oh pardon — des one-face-to-face-relationship-managements ...

Immer noch nichts Neues. Und eigentlich auch nicht immer so schwierig: Wer sich einigermaßen Mühe gibt, schafft es tatsächlich mehr oder weniger regelmäßig, auch Treffer in des Wunsches Zentrum zu landen. Aber einmal rein hypothetisch (unterstellen Sie mir nichts, was nicht ist und empfinden Sie es nicht als Aufforderung): Was tun Sie, wenn Sie *mehrere* Partner so zufriedenstellen müssen?

Theatralisch und filmisch wurde dieses arge Dilemma in „Boeing-Boeing"[26] vielleicht nicht gerade wissenschaftlich, aber umso mehr von der praktisch-beklemmenden Seite beleuchtet. Logistisch ein Riesenaufwand. Welche Liebhaberin wünscht sich wann was zum Mittagessen, vor dem Abendessen, nach

---

[26]   US-amerikanische Filmkomödie mit Tony Curtis und Jerry Lewis aus dem Jahr 1965.

dem Abendessen usw.? Der Aufwand ergibt schon bald das Pensum einer Teilzeitangestellten mit Logistikabschluss.

Linken wir uns ins Business, in die wahre Welt des Customer-Relationship-Managements. Haben Sie nur einen Kunden? Wenn es ein steinreicher und erdtreuer ist, dann sei Ihnen gratuliert. Wenn Sie einen zweiten, dritten oder noch mehr haben, dann gratulieren wir Ihnen zur cleveren Diversifikation. Wenn es noch mehr sind, dann wird es mit „individuellen Wünschen" usw. bald einmal sportlich. Klar, die Kundenberaterin/der Verkäufer kann fragen und beraten. Im Zeitalter, in dem alle Angst haben, das Gehirn sei unzuverlässiger als Computer-Software, muss auch das straff organisiert und in Megabytes abgespeichert werden. Darum sind Customer-Relations nicht nur Beziehungsarbeit, sondern unerschöpfliche Auftragstöpfe für Programmierer.

Das Futter für die Daten sind Kundendatenbanken. Dafür gibt's dann Kundenbindungsprogramme, Kundenkarten, Cumulus-Karte, Super-Card, Tintenpatronentreuekarten, Rubbellose-zum-Bezug-eines-gratis-Salatblatts-im-BigMac, sobald Sie für mindestens 30 Euro Getränke neben mindestens 70 Euro Essen beziehen, Kino-Popcorn-Cards für Begleitpersonen von AHV-Rentern usw. usw.

Die Kreativität hat zum Ausfluss überdickte Portemonnaies produziert oder aber die Aussage „Hab' ich grad nicht dabei" kratzt an den Top Ten der tiefgründigen Dialoge zwischen Verkaufs- und Kaufpersonal beim Kassengang. Getoppt wird die Gestaltung des individuellen Kundenprogramms nur noch mit überschäumender Phantasie an raffinierter Fragetechnik. „Haben Sie xxx dabei?" ist Standard. „Haben Sie die Migros-Cumulus-Karte dabei?" ist DER Klassiker. „Haben Sie unsere You-are-our-fashion-friend-card dabei?" zeugt von sprachlicher Vielfältigkeit, „Haben Sie den Kaffee-gibts-gratis-wenn-Sie-über-30-Franken-tanken-Bon dabei" muss dann schon geübt werden.

Gehen wir auf Feld 1. Wovon reden wir? Von Kundenbeziehung. Das ist, glaube ich, etwas Emotionales, oder? Beginnt die Kundenbeziehung nicht da, indem wir diesen Standardsatz etwas variantenreicher oder für Hardcores etwas persönlicher gestalten? Anstatt „Sind Sie bei uns in der Kundenkartei" sollten Sie es mit der folgenden Frage probieren: „Unter welchem Namen darf ich diesen Einkauf verbuchen?" Und schon weiß man grad auch noch, wie der Kunde heißt. Das wäre dann schon Lektion 2 in der Beziehungspflege. Sobald Sie den Namen Ihrer Frau nicht mehr wissen, stimmt definitiv etwas nicht mehr. Weshalb? Das kann durchaus verschiedene Gründe haben.

Denn: Sobald man den Kunden fragen muss, ob er Kunde ist, wirkt das etwas unbeholfen. Das ist, wie wenn die Bahn sagt: „Geschätzte Fahrgäste, wir treffen pünktlich in xxx ein." Ja, das gehört ja eigentlich wohl zum Service, oder sagen Sie morgen früh, wenn Sie pünktlich ins Büro kommen: „Lieber Chef, ich treffe pünktlich am Arbeitsplatz ein"...?

Nachwort

Alltag macht Spaß! Diesen Gedanken zumindest in Erwägung zu ziehen, ist das Ziel dieses Buches. Wenn sich der Leser am Schluss einen Hauch intensiver mit dem kommunikativen Hier und Jetzt auseinandersetzt, sind wir bereits einen Schritt weiter. Es ist Fakt, dass 90 % aller Gespräche im Führungsalltag, im Dialog mit Kollegen oder Kunden „Alltagsgespräche" sind. Keine Reklamationen, keine sonst anspruchsvollen Gespräche, sondern einfach Begegnungen im Flur, im Büro, im Aufzug. Genau da wird schlussendlich geführt, die Beziehung zum Kollegen/zur Kollegin gepflegt. Bei aller Bemühung um ein Entschärfen von Konflikten vergessen wir diese „Kleinigkeit der 90 %" nicht. Hier arbeiten Sie an Ihrem Image, an der Loyalität Ihrer Mitarbeiter, an der Kundentreue und der Kollegialität.

Immer wieder kommen wir auf den oft zitierten „Mikrokosmos" des Lebens — das Theater — zurück. Wer diesen Zugang bei sich findet, erhält hier viele Elemente, die auf die Bühne gebracht, ein Abbild des gelebten Alltags sind. Improvisationstheater ist nichts anderes als die trainierte Präsenz von Alltagsszenen, ein Stückaufbau ist nichts anderes als das, was wir im Büro erleben. Wir treten ein, führen Gespräche, treten wieder ab und wollen den Applaus.

Vielleicht erkennen Sie daran auch etwas Faszinierendes. Der Alltag bietet unzählige Gelegenheiten, Farbe zu erkennen, Feinheiten wahrzunehmen, Beziehungen zu pflegen. Das braucht Freude daran, der Wille, ihn, den Alltag, auch als das wahrzunehmen, was er ist: ein Alltag! Vor allem aber eine hohe Präsenz: Wer präsent ist, hat mehr vom Leben!

Und wer dann die Regeln einer erfolgreichen Beziehungskommunikation auch hie und da anwendet, hat bestimmt seinen Teil dazu beigetragen, dass es im Alltag ein wenig entspannter und lustvoller zugeht, wie in der letzten Episode von Hannes, in dessen Unternehmen die Einzelbüros einer modernen, offenen und dementsprechend wesentlich kommunikativeren Bürokultur weichen sollen:

Hannes

Hannes kommuniziert im Alltag … nicht immer alles (Teil 12)

Hannes hat es kommen sehen. Auch „sein" Unternehmen führt Groß-raumbüros mitsamt einem neuen Büro-Konzept, genannt „Büroptima", ein. Farblich nach Feng Shui abgestimmt, mit einem Raumdesign von einer renommierten Büro-Kunst-Designer-Agentur. Die Beleuchtung wurde von fünf Spezialisten während drei Wochen ausgetüftelt und mündet in ein veritables Illuminations-Kunstwerk. Das Licht soll Wärme ausstrahlen, die Konzentration fördern und möglichst unauffällig präsent sein, die Mit-arbeiter unbewusst durch die richtigen Gänge lotsen und gleichzeitig den modernsten Energiesparlevels entsprechen.

Das Unternehmen hat sich die neue Bürokultur etwas kosten lassen. Das Mobiliar erfüllt selbstverständlich höchste Ansprüche an Energetik und Er-gonomie. Dank der farbenfrohen Tischplatten soll Arbeiten nicht nur Spaß machen, sondern die Leute geradezu physisch am Arbeitsplatz festhalten. Die Geschäftsleitung ist überzeugt, mit dieser zugegebenermaßen nicht unbescheidenen Investition einen Schritt in die Zukunft gemacht zu haben. Klar, neue Produkte zu entwickeln, wäre auch notwendig, die angepasste Distributionslogistik steht schon lange auf der Modernisie-rungsliste, aber man kann nicht alles auf einmal machen.

Die schwierige Umsetzung

Bei der wöchentlichen Geschäftsleitungssitzung hat Hannes den Auf-trag erhalten, das Büro-Konzept im Detail umzusetzen und die fehlenden Einrichtungsmittel zu beschaffen. Zudem soll er die Pläne für die neue Belegung ausarbeiten und das Reglement für die moderne Nutzung zeit-gemäßer Büroinfrastruktur in verständlicher Form aufsetzen. Hannes macht sich wie gewohnt strukturiert und akribisch an die Arbeit. Nichts soll dem Zufall überlassen werden.

Er entwirft einen Schlüssel, mit dem sämtliche Diskussionen wie „Kollege x hat mehr Platz und Tageslicht" im Keim erstickt werden. Transparent wird er berücksichtigen, dass das Jahres-Bruttogehalt in Euro dividiert durch den Wert 7000 den Anspruch in Quadratmeter pro Arbeitsplatz ergibt. Das müsste aufgehen, wenn man die jetzigen Einzelbüros in sogenannte Begegnungsräume umfunktioniert. Sitzungen sollen ja nach wie vor irgendwo abgehalten werden. Hier gilt die Regelung: Die Anzahl Belegungsstunden pro Woche ergibt die Quadratmeterzahl des Raumes, der benötigt wird. Damit ist die räumliche Aufteilung auf solidem Fundament.

Top-Technik in den Begegnungsräumen

Die Begegnungsräume werden selbstverständlich nach neuesten Erkenntnissen der Meeting-Kultur ausstaffiert. Die Licht- und Animationstechnik in diesen Räumen, die auch für interne Kurse benutzt werden, muss modern sein. Freilich ist dann ohne technische Grundkenntnisse eines mittleren Schulabschlusses in Elektronik das Licht nicht mehr anzumachen. „Ein-Aus" war gestern – heute gilt „Programm 1-14 mit zusätzlicher Dimmfunktion A-F", bedienbar über den Touchscreen vorne im Raum, der über den Hauptschalter im hinteren Bereich aktiviert wird.

Logischerweise ist dieses Bedienungsboard an die Funktion der Sonnenrollos gekoppelt. Denn es ist völlig ausgeschlossen, dass man die Rollos herunterlassen will, ohne gleichzeitig den Beamer einzuschalten. Falls dies doch einmal der Fall sein sollte gibt Hannes den Tipp, den Beamer einzuschalten, auf den darunter stehenden Tisch zu steigen und mit einer Pinnwandkarte die Linse abzudecken. So bleibt der Beamer dunkel, die Rollläden sind unten und das zentrale Infrastruktur-Nervensystem erleidet keinen technischen Absturz. Allenfalls fällt die Beamer-Lampe dem Hitzetod zum Opfer.

Das Teilprojekt „Clean-desk"

Nun kommt Hannes zum heiklen Kapitel. Mit der neuen Einrichtung wird gleichzeitig „Clean-desk" eingeführt. Es dürfen keine persönlichen Gegenstände der Mitarbeiter an den Arbeitsplätzen sein und auch keine Büro-Geräte auf dem Tisch, die nicht zwingend benötigt werden. Konkret darf nur derjenige einen Locher auf dem Tisch stehen haben, der pro Tag mindestens 30 DIN-A4-Seiten lochen muss und mindestens ein 80-Prozent-Pensum mit wiederum mindestens 60-Prozent-Büro-Präsenz hat.

Hannes sinniert über die nun fehlenden Fotos. Daran ist so schön abzulesen, in welcher Lebensphase der einzelne Mitarbeiter steckt. Zwischen dem 20. und 30. Lebensjahr stehen die Fotos der Freundin oder Ehefrau auf dem Tisch, zwischen dem 30. und 40. die Kinder und zwischen dem 40. und 50. die Aufnahme der neuen Harley-Davidson, bevor mit 50 dann das Foto mit Sonnenuntergang Einzug hält. Ja, Hannes bedauert, auf die Fotos verzichten zu müssen, zumal er einen wirklich schönen Sonnenuntergang von seiner Frau zum Geburtstag erhalten hat …

In der Kommunikation müssen die Menschen mit einbezogen werden, gerade wenn es um Dinge geht, die so persönlich sind wie der Arbeitsplatz. Das wird leider oft unterschätzt. Es ist nicht der Möbel-Lieferant, sondern der Kommunikationsverantwortliche des Projektes „Umzug", der die Hauptverantwortung trägt, dass es schlussendlich akzeptiert wird.

Learnings

Wie sag ich's meinem Kinde? Manchmal befinden sich Führungskräfte kommunikationstechnisch in der Zwickmühle. Sie müssen Weisungen von oben nach unten vermitteln und das, obwohl sie selbst vielleicht nicht hundertprozentig dahinterstehen. Wie soll das gehen? Viele Unternehmen erkennen offensichtlich nicht, dass eine moderne Bürokultur à la Office 4.0 nicht nur etwas mit dem technischen Equipment zu tun hat, sondern vor allem mit den beteiligten Menschen, die dort arbeiten, leben und kommunizieren. Machen Sie es besser! Setzen Sie das Gelesene um und beziehen Sie durch eine offene Kommunikation Ihre Mitarbeiter ein — ob auf dem Büroflur oder abseits davon.

Danke ...

... dass Sie das alles gelesen haben und Sie mit dem Umsetzen vielleicht einen kleinen Beitrag leisten, die Welt kommunikativer und etwas beziehungsorientierter zu gestalten, weil Sie es im Alltag tun. Und jetzt, da Sie am Ende des Buches angelangt sind: Viel Spaß beim Beobachten des kommunikativen Alltags und dem Feststellen, wie sich vielleicht Ihr Blickwinkel darauf verändert hat!

Ihr
Stefan Häseli

Dank

Danke sagen …

… möchte ich allen, die mich bei diesem Projekt unterstützt haben. Im Vordergrund stehen die Menschen, denen ich im Alltag bewusst, unbewusst, sichtbar oder aus der Ferne begegnet bin. Es haben mich viele meiner Vortrags- und Seminarteilnehmer animiert, mich mit diesem Thema intensiver zu beschäftigen. Dazu haben mich unzählige Menschen auf der Straße, in der Bahn und in den Unternehmen inspiriert. Sie haben mir durch ihre persönlichen Geschichten gezeigt, dass es der Alltag wert ist, einmal genauer betrachtet zu werden. Und dass Kommunikation so viel mehr ist, als wir uns vorstellen können.

Bis all die Erlebnisse und Gedanken zu einem Buch werden, braucht es gezielt Menschen, die einen auf dem Weg begleiten und unterstützen. Da ist in erster Linie Carina Quast, die unzählige Stunden um Texte herumgefeilt, Hintergrundberichte recherchiert, meine vielen Gedanken zu aussagekräftigen Kapiteln gemacht und durch viele Fragen als Sparringspartnerin die Aussagen geschärft hat.

Dazu Stephan Nay, der Zeichner, der Hannes für alle sichtbar gemacht und das Cover gestaltet hat.

Last-but-not-least der Haufe-Verlag, der diesem Buch eine wunderbare Plattform gegeben hat. Bettina Noé hat als Produktmanagerin Business-Publikationen nicht nur die Idee hinter dem Buch von Anfang an erkannt, sondern sie durch wertvolle strategische Anregungen noch einmal einen großen Schritt nach vorne gebracht. Schließlich Gabriele Vogt, die als Lektorin meinen Gedanken, Inhalten und Bildern eine bessere Form und diesen wertvollen Rahmen gegeben hat. Stellvertretend stehen die beiden natürlich für das ganze Haufe-Team, das an einem Strang zieht, damit letztendlich mein Buch heute vor Ihnen liegen kann.

So entsteht ein gemeinsames Ganzes und wohl kaum ein Mensch, dem ich in den letzten Monaten begegnet bin, hat nichts dazu beigetragen. Es ist ein

Buch für den Alltag aus dem Alltag. Und für mich persönlich ist es ein tolles Gefühl, diesen wertvollen Alltag so allen Menschen ein Stück weit auch wieder zugänglich zu machen.

Herzlichen Dank!

Der Autor

 Stefan Häseli ist Keynote Speaker, Kommunikationstrainer, Moderator und war mehrere Jahre als Kabarettist auf Kleinbühnen unterwegs. Er schrieb dabei die Texte selbst. Das Material für Geschichten und Pointen liegt für ihn im Alltag: „Es muss nichts erfunden werden, es wird einem Tag für Tag auf dem Silbertablett des vermeintlich grauen Alltags serviert."

Auf Tagungen und Events regt er an, im Alltag Kommunikation mit Spaß zu erleben. Auf ebenso intelligente wie unterhaltsame Weise klärt er darüber auf, „wie der Alltag zur farbigen Grauzone wird", und zeigt den Zuhörern, wo die „Pointen des täglichen Lebens" zu finden sind.

Stefan Häseli ist Goldpreisträger des Internationalen Deutschen Trainingspreises 2012/2013 und gehört als „Expert-Member" dem renommierten Club 55 an. Er ist Gründer und Inhaber des bekannten Trainingsunternehmens Atelier Coaching & Training AG.

www.stefanhaeseli.ch

www.atelier-ct.ch